荒れ野の植物

荒れ野の羊と羊飼い

YOBEL

ヨベル新書
096

岩本遠億［著］

聖霊は愛を完成する

ルカの福音書説教集2

装幀：ロゴスデザイン・長尾　優
和紙ちぎり絵：森住ゆき

聖霊は愛を完成する

——ルカの福音書説教集2

目次

しかし、聖霊があなたがたの上に臨むとき、
あなたがたは力を受けます。

使徒の働き第1章8節

愛は自分の正しさに死ぬ（第9章18～27節）

現在、あるキリスト教系のカルト宗教団体が社会問題として大きく取り上げられています。宗教指導者が信者に対して多額の献金を強要し、子どもの進学のために蓄えていたものまでも供出させ、子どもの進学の道を閉ざさせる。親が宗教指導者の命令のままに家庭を顧みない生活を送り、家庭を破壊する。これが社会問題化し、日本人の心の中に「だから、宗教は危ない」という思いを植え付けています。健全な宗教活動さえ、「宗教」という名が付くが故に危険視される。元来人に平安と喜び、たましいの救いを伝える福音伝道さえ、危ないと見做される。このように、カルト宗教は人を真の救いから遠ざけるもので、まさに暗闇の働きをするものであるのです。

しかし、カルト教団でなくても、聖書のことばの理解を誤れば、キリスト信仰は自己犠牲の上に成り立っていると誤解することになり、それがカルト的精神性に結びついてしまうことがあるので注意を要します。イエス様は、「だれでもわたしについて来たいと思うなら、自分を捨て、日々自分の十字架を負って、わたしに従って来なさい。自分のいのちを救おうと思う者はそれを失い、わたしのためにいのちを失う者は、それを救うのです」（ルカの福音書9：23〜24）とおっしゃっていますが、これは何を意味するのでしょうか。キリスト教的救いを得るためには、殉教しなければならないとイエス様はおっしゃっているのでしょうか。キリスト信仰の真髄は自己犠牲にあるとおっしゃっているのでしょうか。この聖書の言葉の意味を誤解すると、カルト宗教と何が違うのか線引きが難しくなり、非常に危険だと思います。イエス・キリストは決してそういうことをおっしゃっているわけではないということを、私たちは今日、注意深く読んでいきたいと思います。

ルカの福音書はここ第9章から非常に緊迫した状況に入っていきます。それまでは、ガリラヤでイエス様のところに救いを求めてきた人たちが癒され、悪霊につかれていた人が悪霊から解放され、希望を回復していく。長い間病気が治らなかった人が癒され、あるいは死んでしまった娘が甦る。そのような人生の回復、喜びの福音が語られてきた。けれども、ここで一気に緊迫するのです。

なぜ緊迫するかと言うと、領主ヘロデがイエス様に対する監視を強める、あるいは圧迫を強めるということがここから始まっていくからです。ヘロデ・アンティパスはガリラヤの領主であったので、イエス様はそのガリラヤからテラコニテに退避なさった。しかし、単に退避なさったのではなかった。5つのパンと2匹の魚で成人男性だけで五千人ともいう群衆にパンを与え、天からの食物を与える者としてのご自身をそこで啓示なさいました。また、十字架と復活を啓示なさる。キリストとは何かということをここで明らかにしていかれるのです。十字架に向かう道を、この第9章から歩いていかれる。これまでの喜びだけが満ちている宣教の時から、十字架に向かう道をイエス様が歩いていかれる。その緊迫したイエス様の姿を私たちはこれから見ていくことになります。

場所を確認しておきます（次頁地図参照）。ガリラヤがヘロデ・アンティパスの領地です。このヘロデ・アンティパスは、洗礼者ヨハネの首を刎《はね》ねた者です。イエス様が活動の拠点としていたのは、そのガリラヤのカペナウムでした。一方、そのヘロデ・アンティパスの兄弟、ピリポの領地が、このテラコニテという所であった。ヘロデ・アンティパスはピリポの妻ヘロディアを奪って自分の妻としていましたから、この二人は仲が悪いのです。仲が悪いから、そのヘロデ・アンティパスの監視が強まってイエス様を捕らえようとする動きがあった時に、イエス様は舟でテラコニテのベッサイダに退避なさったわけです。なぜ

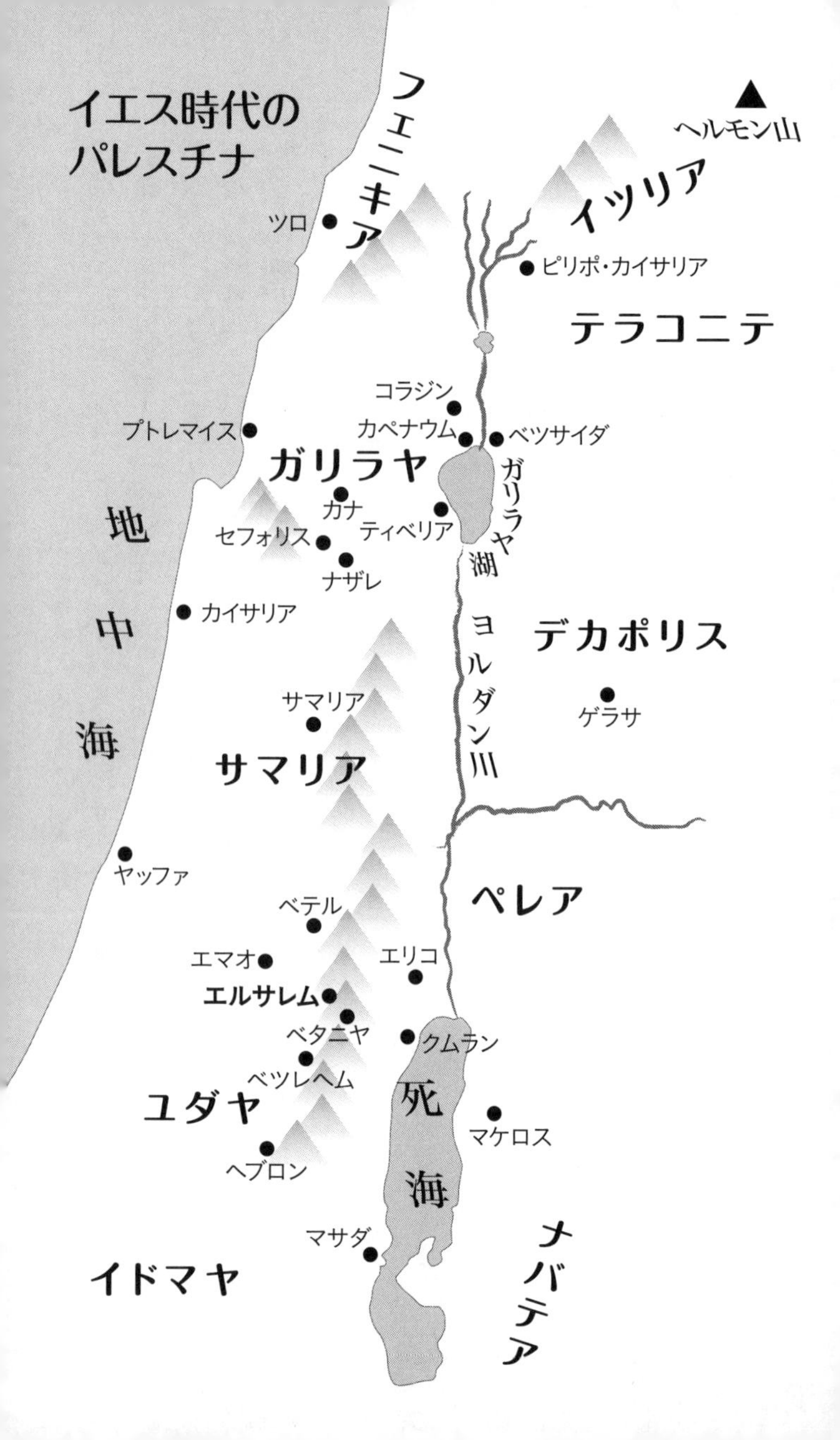
イエス時代のパレスチナ
フェニキア
ヘルモン山
イツリア
ツロ
ピリポ・カイサリア
テラコニテ
コラジン
プトレマイス
カペナウム
ベツサイダ
ガリラヤ
ガリラヤ湖
カナ
ティベリア
セフォリス
ナザレ
地中海
カイサリア
ヨルダン川
デカポリス
ゲラサ
サマリア
サマリア
ヤッファ
ペレア
ベテル
エマオ
エリコ
エルサレム
ベタニヤ
クムラン
ベツレヘム
ユダヤ
死海
マケロス
ヘブロン
マサダ
ナバテア
イドマヤ

舟と言えるかというと、ここに川と湖があるからです。もっとずっと北にあるヘルモン山という高い山から雪どけ水が川となってガリラヤ湖に注ぎ込む。だから川向こうに逃れていかれたということです。

ところが、逃れたところでも、領主から圧迫されていても、イエス様がいらっしゃるところには祝福が満ち溢れる。このベツサイダで五千人の給食が行われたのでした。そして今日の舞台は、ペテロによるキリスト告白の地、ピリポ・カイザリアです。ルカの福音書には書いてありませんが、マタイの福音書には、ここがピリポ・カイザリアであったと書かれています。つまり、イエス様はヘロデ・アンティパスの監視が届かないところに身を引いて、深く祈り、そこで神様の御心を求めていらっしゃるのです。

さて、イエスが一人で祈っておられたとき、弟子たちも一緒にいた。イエスは彼らにお尋ねになった。「群衆はわたしのことをだれだと言っていますか。」(9：18)

なぜ祈っていたか。今言ったとおりです。聖書が「イエスは朝早く起きて祈っておられた」と書くとき、目的がある。もちろん、イエス様はいつも日常的に祈っておられたけれども、敢えて福音書が「イエスは祈っておられた」と書くときには、イエス様は神様の御心を求めていらっしゃるということを意味します。十二弟子を選んだときもそうです。誰を選ぶのか。そういう時、「イエス様は祈られた」と記録しています。特別な祈りです。父なる神様の御心を求める特別な祈りをなさっていた。イエス様は自分がメシアとしてここにいることは自覚しておられた。では、そのメシアとは何か。真のメシアとは何かということを、イエス様は父なる神様に尋ね、その御心を求めて祈り続けられたのです。

そこで神様がイエス様に与えられた答えは、悪魔に勝利するのが真のメシアであるということであった。それは、十字架は不可避であるということも意味していた。イエス様は十字架につけられて殺されるけれども復活するということを、父なる神様はこの祈りの中でイエス様にお示しになるわけです。そして、イエス様が父なる神様に示されたことを弟子たちにお話しになったのがこの箇所です。

「群衆はわたしのことをだれだと言っていますか。」彼らは答えた。「バプテスマのヨハネだと言っています。エリヤだと言う人たち、昔の預言者の一人が生き返ったのだと言う人たちもいます。」（9：18～19）

これをまとめて言うと、どういうことになると思いますか？　イエスは偉大な預言者だけれどもキリスト、すなわちメシアではないということです。キリストとはヘブライ語のメシア（マシアッハ＝「油注がれた者」の意、すなわち「王」と「祭司」を指す）のギリシャ語訳です。イエスはメシアではないとみんなが言っている、と言っているのです。なぜか？　メシアというのは軍事的に外国の支配からイスラエルを解放してイスラエル王国を再興する者だというのが当時のイスラエルの共通した理解だったからです。

現在私たちクリスチャンがメシアという言葉で理解することと、当時のイスラエルの人たちが理解していたメシア、キリストは全く違うのです。私たちはメシアと聞くと、ヘンデルの「メサイア」を思い浮かべ、「救世主」を意味していると思う。しかし、当時のイスラエルでは、軍事行動を起こし、ローマ帝国の支配から神の民イスラエルを解放する軍事的、政治的王をメシアだと理解していた。だから、イエスはメシアではないと群衆は思っている。これが弟子たちの答えでした。ここはすごく重要な点です。

一方、イエス様は深い祈りの中で、真のメシアとは何かを父なる神様から深く啓示されておられました。死と悪魔から神の民を解放する者が真のメシアであるということを。そして、弟子たちにお問いになります。

イエスは彼らに言われた。「あなたがたは、わたしをだれだと言いますか。」ペテロが答えた。「神のキリストです。」(9：20)

ペテロのこの答えは、どのメシア観、キリスト観に立つものでしょうか。ペテロが軍事的、政治的メシア観に立って答えていることに疑いの余地はありません。ペテロはそれしか知らなかったのですから。「マタイの福音書」では、イエス様はペテロのこの答えを大変お喜びになり、「バルヨナ(ヨナの子)・シモン、あなたは幸いです。このことをあなたに明らかにしたのは血肉ではなく、天におられるわたしの父です」(マタイ16：17)とおっしゃいました。しかし、ペテロが真のメシア、真のキリストとは何かを知らずに、このことを告白したこともイエス様はご存じなのです。ずれた理解、言わば間違った理解であっても、「あなたこそ生ける神の子キリストです」と告白したペテロをイエス様は大喜びなさった。イエス様の懐の深さを感じます。

するとイエスは弟子たちを戒め、このことをだれにも話さないように命じられた。そして、人の子は多くの苦しみを受け、長老たち、祭司長たち、律法学者たちに捨てられ、殺され、三日目によみがえらなければならない、と語られた。（9：21〜22）

これは、神の奥義の開示です。イエス様が父なる神様との深い霊的な祈りの交わりの中で、明らかにされたメシアの道とは何かということを、弟子たちに明らかにされたのです。しかし、弟子たちには、これは全く理解不能です。一般のメシア理解とは乖離しているからです。一般の理解だとメシアは解放者、軍事的解放者だから殺されることはない。軍事的に勝利してイスラエルを解放するのがメシアだから殺されないことになっているのです。しかしイエス様は、「人の子は多くの苦しみを受け、長老たち、祭司長たち、律法学者たちに捨てられ、殺され、三日目によみがえらなければならない」と言われる。彼らがもっていたメシア理解とは全く違うメシア、死と悪魔と戦って勝利するのが真のメシアだ、ということをお示しになったわけです。

そして言われます。

イエスは皆に言われた。「だれでもわたしについて来たいと思うなら、自分を捨て、日々自分の十字架を負って、わたしに従って来なさい。」（９：23）

この言葉を聞いてどのように感じられますか？　クリスチャンになって教会に来るとよく聞きます。人生の苦しみや病気にあったりする。「これは神様が私にくださった十字架です」と。しかし、神様は人生の苦しみを十字架としてあなたに与えることはないのです。これは誤解です。よく聞くから、そういうものだと思っている方もいらっしゃるかもしれません。しかし、違うのです。神様が与えてくださった十字架だから、甘んじて、感謝して受けなければいけないというのは誤解です。では、なぜ誤解と言えるのか。

それは、神様は私たちが神様のいのちにあふれて生きることを望んでいらっしゃるからです。ここに深い信頼があります。神様は人が喜びに満ちていることを願っていらっしゃる。私が喜びに満ちていることを神様は願っていらっしゃるのです。私が苦しむことを神様は願っていらっしゃらないのです。それを、この苦しみは神様が与えてくださったものだから、喜んで受けなければいけませんというのは、神様の思いとは違う。少し頭を切り替えたほうが良いと思います。神様は人を苦しみと滅びから救う方であるということを今までルカの福音書で学んできました。滅びと苦しみから救う方としてイエス・キリストはご自身を顕されたのです。ここに至って急に「神様は人に苦しみを与えるよ」とはおっしゃるわけがありません。

ここに、このように言われている。

自分のいのちを救おうと思う者はそれを失い、わたしのためにいのちを失う者は、それを救うのです。人は、たとえ全世界を手に入れても、自分自身を失い、損じたら、何の益があるでしょうか。（9：24〜25）

これはどういうことでしょうか。これは、殉教の勧めとか、いのちを粗末にすることを意味しているわけではありません。そもそも、十字架を前にペテロがイエス様に、「私はたとえ死んでもあなたと共に行きます。あなたと一緒に死ぬ覚悟ができています」と言ったとき、イエス様は「ペテロ、あなたは今夜鶏が泣く前に三度わたしを知らないという言う」、「あなたはわたしについてくることはできない」とおっしゃいました。

しかし、これはペテロを見下げておっしゃったのではありませんでした。君にはそんな勇気は無いと突き放しておっしゃったのではなく、「あなたはわたしと共に死ななくて良い」とおっしゃったのです。ペテロは生きなければいけなかったのです。生きてキリストを証ししなければいけなかった。これが、自分のいのちよりも大切なものがあることを知る、ということです。

「自分のいのちを救おうと思う者はそれを失い、わたしのためにいのちを失う者は、それを救う」（9：24）とは自分のいのちよりももっと大切なものがあるということを知ること。私たちの人生において、最も重要なことは何か。それは私たちを創造してくださった神様を知ることです。この方と出会うことです。そして、この方の愛を知り、この方の愛に満たされ隣人を愛していくことです。その過程において私たちは自分のいのちを失うことがあるかもしれない。友のために、家族のために。しかし、それは殉教の勧めではない。いのちを粗末にすることではないのです。

星野富弘さんがこういう言葉を言っています。「命が一番大切だと思っていた時、生きることが苦しかった。生命よりも大切なものがあることを知った時、生きることが嬉しかった」。首から下が事故で動かなくなって闘病しているときに、彼はイエス様に出会いました。それまではいのちが一番大切だと思っていた。しかし、その時生きることは本当に苦しかった。自分で体を動かすことができないので、自殺することもできない、そういう中で、いのちよりも大切なものがあると知った。それは、自分を創造してくださった父なる神様を知ることだったと星野さんは言っているのです。

自分を創造してくださったお方に出会うこと。そして、この方のいのちを受け、愛を受け、隣人のために隣人を生かす生き方をしていくことです。そうすると、日々自分の十字架を負って主イエスに従うとはどういうことかが分かってくる。十字架を負ってというのが殉教の勧めだったら、日々は無理ですよ、いのちは一つしかないから毎日はできません。毎日自己犠牲をするということでもない。

この言葉の意味を知る鍵は、主イエスの十字架の戦いが何であったかを理解することです。イエス様はそれを元に、「日々自分の十字架を負って」（9：23）とおっしゃっているわけです。イエス様の十字架はメシアとして死と悪魔に勝利する戦いであったのです。この観点からここを理解すると非常にわかりやすい。

悪魔の策略、誘惑は何であったか。それは、人に「私は正しい」と主張させることです。そうじゃないですか、皆さん。私は大学で仕事をしていていつも思います。私は正しいことを言っているのに、なぜ上は動いてくれないのか、と。家庭の生活でもそういうことがあると思います。私の言っていることの方が正しいのに、どうしてみんなはそれを分かってくれないのか、と。身に覚えのない人はいないと思います。悪魔の策略、誘惑というのは、人に「私は正しい」と主張させることなのです。

そもそもアダムとエバが善悪の知識の実を食べて罪を犯したとき何が起こったか。神様がアダムに、「あなたはわたしが食べるなと命じておいた木から取って食べたのか？」と問われた時、アダムは答えます。「いや、神様。私は悪くないですよ。あなたが私のそばに置いたこの女が悪いんです」と言いました。最も愛すべき妻について、「この女」と言っている。さらに、神様に対して、「そもそも、神様。この女を私のそばに置いたあなたが悪い」と言っているのです。神様は、エバに言われます。「あなたはなんということをしたのか」。するとエバは、「神様。私は悪くないです。ヘビが私をだましたんです」と、自分の非を認めようとはしません。私は悪くないと主張させる、それが悪魔の策略なのです。

イエス様は、この悪魔との戦いに勝利なさる。それが十字架であることをイエス様は見つめておられるのです。だから、十字架を前にした裁判の席で、イエス様は一言も自己弁護なさいませんでした。イエス様がローマ総督のピラトの前に立ったときのことがマタイの福音書に記されています。

さて、イエスは総督の前に立たれた。総督はイエスに尋ねた。「あなたはユダヤ人の王なのか。」イエスは言われた。「あなたがそう言っています。」しかし、祭司長たちや長老たちが訴えている間は、何もお答えにならなかった。そのとき、ピラトはイエスに言った。「あんなにも、あなたに不利な証言をしているのが聞こえないのか。」それでもイエスは、どのような訴えに対しても一言もお答えにならなかった。それには総督も非常に驚いた。（マタイ27：11〜14）

イエス様が「わたしは何も悪いことをしていない。わたしがやってきたことは人々を助ける働きであったのだ」とピラトに言えば、ピラトはイエス様を助けることができたはずなのです。ピラトもそれを期待したからです。ピラトにとっては、ユダヤ人の指導者たちが訴えてきた人に対して正しい裁きを行うかどうかということはどうでも良いことでした。元々彼は、神殿の中でガリラヤ人を惨殺することを何とも思わない人でした（ルカ13：1）。彼にとってはユダヤ人の指導者たちに対して支配者としてどのように高圧的に振る舞うか、ということが最大関心事だったはずです。ピラトは、ユダヤ人の指導者たちが妬みのためにイエス様を訴えていたことを知っていたので、イエス様が自分の正しさを主張し、ピラトに正しく裁くように訴えたなら、イエス様を放免して、ユダヤ人指導者たちの面目を潰せると考えていただろうと思われます。しかし、イエス様はそれをなさらなかった。「私は悪くないです」と言わせるのが悪魔の策略だからです。そして、イエス様がピラトに自分の正しさを主張するということは、イエス様自身が自らピラトに保護を求め、その支配下に落ちるということでもあったのです。ですから、イエス様は何もお答えになりませんでした。

「私は悪くないです」と言ったときに、私たちは悪魔に首根っこを捕まえられている。皆さんどうですか。先ほど家庭の中でのことを言いましたが、職場でもそうではありませんか？「私が正しいのです」と言ったら他の人を否定することになる。必ずそうなります。自分の正しさの主張は他者の否定とセットです。それは愛の否定です。

イエス様が十字架に架けられた時の様子がルカの福音書23章に書かれています。

「どくろ」と呼ばれている場所に来ると、そこで彼らはイエスを十字架につけた。また犯罪人たちを、一人は右に、もう一人は左に十字架につけた。そのとき、イエスはこ

う言われた。「父よ、彼らをお赦しください。彼らは、自分が何をしているのかが分かっていないのです。」（23：33～34）

「わたしは何も悪いことをしていないのに」とはイエス様は祈らなかったのです。「彼らをおゆるしください」と祈っておられた。悪魔の全ての攻撃を身に受け、死の苦しみを与えられても愛は弱まるどころか光を放った。ここに悪魔に対する勝利が決したのです。

ですから、私たちが日々十字架を負ってイエスに従うとはどういうことかが分かります。私たちは日々悪魔のささやきを聞いているのです。「あなたは自分が正しいと言えばいいんだよ」と。「あなたは正しいよね。あなたは正しいよ」と。「あなたは正しいのだから、自分のことを正しいと言えば良いじゃないか」と悪魔はずっと言ってくる。その毎日のささやきの中で、自分の正しさを主張せずに十字架のキリストと一つになることを私たちは願いたい。自分の正しさに死んで悪魔を打ち倒してくださったイエス・キリストと一つになることを私たちは願いたいのです。私は正しいという思いを、イエス・キリストが十字架に釘付けになさったように、私たちもそれを自分の十字架に釘付けにしていきたい。その時、キリストの血潮が私たちに注ぎ込み、キリストの愛が私たちを通して働き、私たちの隣人が生かされていくでしょう。

しかし私は、神に生きるために、律法によって律法に死にました。私はキリストとともに十字架につけられました。もはや私が生きているのではなく、キリストが私のうちに生きておられるのです。（ガラテヤ人への手紙2：19〜20）

私もあなたも、自分の正しさに死んで十字架に付けられたイエス・キリスト、すべてを赦してくださった十字架のイエス・キリストと一つになることを求めて祈り、生きていくことができますように。

祈りましょう。

天のお父様。私たちは自分の正しさに死ぬということを頭で理解することはできますが、それを自分の力ではできないということも知っています。主イエス様。あなたの血潮を、あなたの御霊を私たちに注いでください。悪魔を打ち倒してくださったあなたの血潮だけが、自分は正しいという思いの鎖を断ち切ってくださいます。あなたの血潮に満たしてください。あなたの中に満ちていた喜びの中で、私たちは自分の正しさに死ぬということを深く理解することができますように。これが我慢や苦しみではなく、本当の喜び、湧き上がる喜びとして私たちから溢れ出ますように。主イエス様。あなたの喜びを満たしてください。イエス・キリストの御名によって祈ります。アーメン。

（2022年9月18日）

期間限定の働き（第9章37〜45節）

今日のメッセージのタイトルを「期間限定の働き」としましたけれども、神様のために一生涯続けて働くのと、期間限定で働くのと、あなたはどちらのほうが尊いと思いますか？　どちらのほうが神様の御心にかなっていると思いますか？　神様のために一生涯続けて働くことができたほうが尊いと思われる方もいらっしゃるのではないかと思います。確かに、そのような生き方は人生の全てをささげたものであり、期間限定で働くのは中途半端に人生をささげたものという考えもあると思います。

私は小さいときから、キリスト教の環境に育ちましたが、若い時から自分自身を神様にささげて生きるということについて、考えながら育ちました。高校生の時、長崎で祖母と2人で生活していた時がありましたが、朝学校に行く前に人のいない公園に祈りに行ったり、週に3回行われる教会の集会は決して休まずに出席し、中高生の集まりでは中心的役割も果たしていました。このように高校生の私の生活の中心と思いの中心は、教会活動だったのですが、自分の中では、自分はささげ切っていないという思いが常にありました。神様のために生きたいという思いはありましたが、ささげ切るとか、全生涯をささげるということばは、自分の現実と合致していないという感覚を持ち続けました。

豊臣秀吉に殺された日本二十六聖人の中でも12歳で殉教したルドビコ茨木、ハワイのモロカイ島でハンセン病患者のために生涯をささげたジョセフ・ダミエン神父、肺病の弱い体なのに、祈りによって病気の人たちを癒やし、自分の命を削るようにして伝道し、伝道の最中に倒れて天に召された吉井純男先生の生涯に憧れ、生涯キリストに自分をささげる生き方をしたいと願っても、憧れるだけでは一歩も近づくことはできない現実に打ちのめされるということを経験しました。私は、一生涯を完璧にキリストにささげ切ることができなければ、キリスト伝道者として失格だという思いを若い時から持っていたのですが、それは、本当に聖書が言うことなのか、今、それを改めて問わなければならないと思っています。

今日の箇所は、ルカの福音書第9章37節からです。イエス様の変貌と言われるところの次の場面です。イエス様が十字架に向かって行かれる祈りの格闘をなさった変貌の山からペテロ、ヤコブ、ヨハネを伴って下りて来られました。

大勢の群衆がイエスを迎えた。すると見よ、群衆の中から、一人の人が叫んで言った。「先生、お願いします。息子を見てやってください。私の一人息子です。ご覧ください。霊がこの子に取りつくと、突然叫びます。そして、引きつけを起こさせて泡を吹かせ、打ちのめして、なかなか離れようとしません。あなたのお弟子たちに、霊を追い出してくださいとお願いしたのですが、できませんでした。」（9：37〜40）

イエス様に向かって叫び、「見てください。顧みてください」と言いましたが、イエス様を待っていた弟子たちには、この病を引き起こしている悪霊を追い出すことができなかったからです。しかし、その弟子たちにも、病を癒やし、悪霊を制する権威が与えられていたはずなのです。この章の最初に次のように言われています。「イエスは十二人を呼び集めて、すべての悪霊を制して病気を癒す力と権威を、彼らにお授けになった。そして、神の国を宣べ伝え、病人を治すために、こう言って彼らを遣わされた」（ルカ9：1〜2）。すべての悪霊を制して病気を癒す力と権威を与えられていたのです。しかし、この時はできませんでした。

何故だったのか？　弟子たちも、「なぜ私たちには悪霊を追い出せなかったのですか？」と問うています（マタイ17：19）。そうすると、イエス様は「君たちは、祈っていなかったからだ」とお答えになりました。弟子たちは「権威を与えられたのだから」という思いを振りかざして、悪霊に命じたけれどもその権威は発動しなかったのです。イエス様も「君たちは祈っていなかった」と言われましたが（マルコ9：28〜29）、では、自分の努力で1時間、2時間、3時間祈ったら、悪霊を追い出せるかと言えば、絶対にできません。むしろ、そういう権威が与えられ、働きが与えられたとき、深く祈らざるを得ないように追い込まれ、導かれていくというような祈りがあるのです。

私は若い時、パプア・ニューギニアのジャングルの奥地にキリスト伝道と言語調査に行きました。『聖霊の上昇気流 ―― 神は見捨てなかった』（ヨベル）という本に詳述しているので、ご覧いただきたいと思いますが、1回目の滞在では自己保身に走り、全く伝道できませんでした。2回目の滞在の時、奇跡的な癒やしが次々と起こり、500名ほどの人口の村で50人以上がキリストの御名による癒やしを経験しました。確かに、その時、私は毎日2時間ほど祈っていました。朝1時間ほど、夜1時間ほど。しかし、それは2時間頑張って祈ったから奇跡的な働きができたというのではないのです。むしろ、祈らざるを得ないような状況に追い込まれていった。「主様、私はあなたの僕です。あなたは何をなさろうとしていらっしゃいますか？　あなたがなさりたいことをなさってください。それをこの僕に教えてください」と祈っていたら1時間ほど祈っていたということだったのです。そして、次々と不思議なことが起こっていきました。しかし、3回目に現地に入った時は、同じことは起きませんでした。私自身もそのような祈りに追い込まれていくことはなかった。2回目の時が特別だったのです。

1回目の時、私はニューギニアのジャングルに住む人たちを自分自身のように愛することができませんでした。ニューギニアにはマラリアがありますが、私は予防治療薬であるクロロキンを持って現地に入っていました。現地の人たちは、私たち文明人がクロロキンを持っていることを知っているので、マラリアが発症すると私のところにもらいに来るのです。私は、彼らに分けてやって良い分と自分の分を分けて、渡していましたが、すぐに分けてやる分はなくなりました。そして、なくなったと嘘を付きました。自分の分はまだ十分にあるのにです。そんな者がキリスト伝道者であるなど噴飯物です。私は自分が偽善者であることを否定できませんでした。私は全く伝道らしいことは何もできず、2回目は行かなくて良いように作戦を練って、オーストラリアに帰りました。

そもそも言語の現地調査というのは最低2回現地に住んで行わなければならないのですが、2回目自分は行かず、現地から私にその言語を教えてくれる人をキャンベラに呼んで、言語調査をしようと目論んだのです。指導教授も学科主任も最初それで問題はないと賛成してくれていましたが、主は私が再び現地に行かなくてはならない状況をお作りになりました。私は主が私をニューギニアの地に呼び返そうとしておられることを知り、七か月間祈り続けました。「私が持っている物で彼らが必要とする物をすべて彼らに与えることができる者にしてください。また、あなたご自身が彼らを癒やし、あなたが今も生きて働く神であることを顕してください」と。そして現地に入ったのですが、その時は、マラリアの薬であるクロロキンを自分が飲むものと彼らに与えるものに分けず、完全に共有することに決めていました。そして、キリストが今も生きて働く神であることを、実力をもって顕してくださいと祈り続けていました。そのようにして深い祈りに追い込まれていったのです。そして奇跡的な癒やしが次々と起こった。しかし、これはこの2回目限定だったのです。3回目はこのような祈りには追い込まれず、奇跡的な出来事も起きませんでした。

イエス様はルカの福音書の第9章の最初で、12人を呼び集めて、病を癒やす権威、悪霊を制する権威を与えて無銭徒歩伝道に遣わしておられます。弟子たちは、金を持たず、杖も持たず、つまり乞食となって、低められた、卑しめられた者として伝道に遣わされた。深く祈らざるを得ない状況に弟子たちは追い込まれたのです。すると、そこに病を癒やし、悪霊を制するキリストの権威が発動したのです。しかし、この無銭徒歩伝道の働きは、長くて数週間でした。この伝道旅行から帰ってきたら、そのような祈りに追い込まれるような状況ではなくなります。だから、弟子たちには悪霊を追い出すことができなかったのです。

このことから分かることがあります。それは、病を癒やし、悪霊を制する権威は、個人に対して恒常的に与えられる権威ではなくて、働きに対して与えられる、期間限定の権威であるということです。

『使徒の働き』を見ても、ペテロやパウロをとおして驚くべき癒やしが行われ、非常に多くの病人が癒やされたということが書かれている箇所があります。エルサレムで多くの人たちがイエス様を信じるようになっていった時、ペテロが歩いている影に病人を置いたら、癒やしが起こるほどだったと記録されています（使徒の働き5：15〜16）。また、エペソでは、パウロの手拭いを病人に当てると癒やしが起こるほど、多くの人が癒やされていきました（同19：11〜12）。しかし、彼らがいたすべての場所で同じようなことが起こったとは書かれていません。他の場所、他の時でも、彼らの祈りによって癒やしは行われていますが、エルサレムとエペソで彼らが伝道した時、濃厚な聖霊の働きがあり、圧倒的な癒やしの業が行われたのです。それは聖霊が、そこで、その時、特別な働きをしようとなさったからです。同様に、弟子たちに与えられていた権威は無銭徒歩伝道の時、その働きのために与えられていたものだったのです。だから、この時は癒やせなかった。悪霊を追い出すことができなかったのです。

イエスは答えられた。「ああ、不信仰な曲がった時代だ。いつまで、わたしはあなたがたと一緒にいて、あなたがたに我慢しなければならないのか。あなたの子をここに連れて来なさい。」その子が来る途中でも、悪霊は彼を倒して引きつけを起こさせた。しかし、イエスは汚《けが》れた霊を叱り、その子を癒やして父親に渡された。人々はみな、神の偉大さに驚嘆した。イエスがなさったすべてのことに人々がみな驚いていると、イエスは弟子たちにこう言われた。「あなたがたは、これらのことばを自分の耳に入れておきなさい。人の子は、人々の手に渡されようとしています。」しかし、弟子たちには、このことばが理解できなかった。彼らには分からないように、彼らから隠されていたのであった。彼らは、このことばについてイエスに尋ねるのを恐れていた」（9：41～45）。

子どもを癒やしてほしいと願った人に、イエス様は答えられました。「ああ、不信仰な曲がった時代だ。いつまで、わたしはあなたがたと一緒にいて、あなたがたに我慢しなければならないのか。あなたの子をここに連れて来なさい。」（9：41）

ここを聞いて、イエス様が苛ついているように感じますか？ 誰について苛ついているように感じますか？ なぜですか？「私の祈りが足りないからか。信仰が足りないからか」と私も思うことがあります。しかし、注意しなければなりませんが、イエス様はここで「君たちは不信仰だ」とおっしゃってはいないのです。「不信仰な曲がった時代だ」とおっしゃっている。では、何が「不信仰な曲がった時代」にしているのか。あなたですか？ 弟子たちですか？「おれかな？ 私かな？」と思いますか？ そう思うと、イエス様が自分に対して苛ついているように感じますね。それは、イエス様が私を敵として見ていると感じるということです。しかし、それは誤解なので、正さないといけないですね。

イエス様は「時代」だと言っています。何がそうしているのか、悪霊がそうしているのです。イエス様の戦いの相手は、悪魔であり、その手下の悪霊です。私たちではないのです。イエス様はあなたに対して苛立ってはいないのです。まずはそのことを心に覚えていただきたいと思います。もちろん、まもなく十字架にかかりこの世を去って行く切迫感がイエス様にあったと思います。「あなたがたは、これらのことばを自分の耳に入れておきなさい。人の子は、人々の手に渡されようとしています」（9：44）と弟子たちに言っておられます。ですから、その前に悪霊に対する戦いを推し進めていかなければならないという強い思いがイエス様にはありました。この戦いは、この時代を悪い時代にしている悪霊との戦いであるとの明確な意識がイエス様にはあったのです。

「いつまで、わたしはあなたがたと一緒にいて、あなたがたに我慢しなければならないのか」と言われていますが、「我慢しなければならない」と訳されている言葉は、「持ち堪える、担う、支える」という意味で、私はいつまでもこの地上であなたがたを支えることは出来ない、この地上での働きの時間は短くなってきている、とイエス様は切迫感をもって話しておられるのです。この後、イエス様は再び弟子たち72人に病を癒やし、悪霊を制する権威を与えて無銭徒歩伝道に遣わし、悪霊に対する戦いを、さらに推し進めておられます。

今日は、働きに限定された権威と賜物のことについてお話ししていますが、もう少し詳しく話します。皆さん、子どもに買い物に行かせるときに百万円渡しますか？　500円のものを買いに行かせるときは、プラス消費税で550円、さらにお駄賃を足して、600円とか渡しませんか。そのように、神様が与えられる権威は、その働きに限定されるわけです。

コリント人への手紙には、御霊によって様々な賜物が与えられると書かれています。

ある人には御霊を通して知恵のことばが、ある人には同じ御霊によって知識のことばが与えられています。ある人には同じ御霊によって信仰、ある人には同一の御霊によって癒やしの賜物、ある人には奇跡を行う力、ある人には預言、ある人には霊を見分ける力、ある人には種々の異言、ある人には異言を解き明かす力が与えられています。同じ一つの御霊がこれらすべてのことをなさるのであり、御霊は、みこころのままに、一人ひとりそれぞれに賜物を分け与えてくださるのです。（Ｉコリント12：8〜11）

ところが、同時にパウロはこうも言っています。「愛は決して絶えることがない。しかし、預言や異言は止む」と。時代的なことだけではなくて、一人ひとりに与えられている預言や異言の賜物も終わる時が来る、と言っているのです。個人に与えられる権威、賜物は永続的なものではありません。何度も言いますが、権威や賜物は、個別な働きに与えられるものだということです。

もちろん、祈って癒やされることはありますし、私たちは癒やしを求めて祈ります。祈って癒やされれば、皆で喜べば良い。癒やされないときは皆で、もっと祈れば良い。そして神様の解決を求めていけば良い。私が前にいたところでは、「あの先生は癒やしが出来る」とよく聞きました。それは個人崇拝、権威主義の源泉となり、そこがおかしな方向に行く原因ともなりました。権威や賜物は、働きに与えられている。個人にではない。そのことを私たちは知らなければいけません。

献身も同様です。献身は一生涯と思っていませんか？　キリスト教会で献身というと、牧師や宣教師になることと同義で使われることが多いです。ですから、献身したら神学校に行って卒業し、教会から牧師や宣教師に任命されて、一生涯そのことのために生きる。私は、そのような生涯を尊いと思います。私にできないことをやってくださっている方々を尊敬しています。

ですが、キリスト教会において「献身」という言葉が意味していることは、聖書が「献身」と言っていることと比べハードルが高すぎると思います。タイだと、男性は必ず一生に一度出家するそうです。短期間で良いそうです。キリスト教会もそれくらいの思いでいたら良いと思います。聖書は元々そうだったからです。聖書における献身は一定の期間で、その期間を自分で決めることが出来たのです。献身者のことを「ナジル人」と呼びますが、ナジル人が誓願を立てたときは、葡萄の実と、それで作った物、ワインを口にしない。髪に剃刀を当てない。親族であっても死体に近づかない。仮に死体に触れてしまったら、罪のための献げ物をささげてから、ナジル人の生活を最初からやりなおさなければならない。そしてその期間が終わると全焼の献げ物、罪のための献げ物、交わりの献げ物をして、髪の毛を剃り、通常の生活に戻りました。その後葡萄酒を飲むことができる、とも定められていました。このようにして自分自身を聖別して神様にささげて、願い事をしたり神様の御心を求めたりしたとあります（民数記第6章）。これは、期間限定です。

このように、今のキリスト教会でも、期間限定の献身というのがあったら良い。個別の働き限定の献身があったら良いと思います。全生涯にわたる、生活のすべてをささげる献身は、ハードルが高すぎる。「遠慮君、君は生活の全てをささげていないじゃないか」と言われたら、本当に苦しいです。「無理！」と思ってしまう。神様も全ての人にそれを求めてはいないのです。聖書の中で、生涯にわたって献身した人は何人いますか。有名なのは、サムソン、サムエル、エリヤ、洗礼者ヨハネです。サムエルは結婚しています。聖書全体を見ても、全生涯を最初から最後までナジル人としてささげた人はそんなに多くないのです。自分で決めた期間、特定の働きに限定して献身することを神様は喜んでくださっている。

教会も気をつけないといけないと思います。「あなたは、この奉仕を始めたのだったら、初志貫徹、最後までこれをやり遂げないといけません」と言う人がいますが、それは聖書の原則とは違います。初めから期間を決めて、「私は一か月これをやります」「三か月やります」で問題は無い。それを神様は喜んでくださいます。無理矢理長い期間、死ぬまでやります、と言いたくなる気持ちはわかりますが、自分自身でもすごく重くなってしまいます。そういうことで信徒を縛ってはいけないし、自分を縛ってはならないのです。自由にこれをやりたいと思ったことをやりたい期間やれば良いのです。

私は、ここで説教をしていますが、何故だか知っていますか？　教会から指示されたからですか？　説教すればお金がもらえるからですか？　違いますね。私はどこからも指示されていないし、キリストを語ることで収入を得ることはありません。やりたいからやっているのです。本当にそうです。もちろん、イエス様からこの働きを与えられているという意識はあります。しかし、やりたいから、共にイエス様の恵みを分かち合いたいからやっているのです。だから、一年間のうち一か月休みます。一年のうちの十一か月やると決めているのです。

知っておくべき大切なことは、確かに神様が私たちに病を癒やし、悪霊を制する特別な権威を与えられることが、今でもあるということです。これがあるということを私たちは理解し、認識しておくことが非常に重要です。そうでなければ、本当に癒やしのために祈ることは出来ないからです。しかし、一方で、これが働き限定、期間限定であって、個人に属する権威ではないということも知っていなくてはなりません。高慢、自己欺瞞、個人崇拝に陥ってはならないのです。そして私たちも、自分で決めた期間、特定の働きに限定した献身を行うことができる。「私、これだけしかやっていないから、献身しているとは言えないわ」と思う必要はないのです。この一つのことについて、三か月、二か月、一か月、あるいは一回やることは立派な献身です。神様はそれらすべてを用いられます。私たちが無理して、苦しいけどささげて生きていくのではなくて、喜びに満ちて、神様、今これをやりたいからやらせてください、この期間、一所懸命やります、というのを喜んでくださいます。安心して無理せず喜びに満ちてやっていきましょう。

お祈りしましょう。

天のお父さま、呼んでくださったことを感謝いたします。あなたは私たちがあなたの命に溢れて生きることを願ってくださっていて、まず私たちの中にあなたの命を満たしてくださったことを感謝いたします。私たちはあなたのために生きたい、働きたいという思いを与えられたことを感謝します。期間限定の働き、働き限定の賜物をあなたが喜んでくださっていることを、私たちは知りました。自分の心に反する働きではなくて、本当に喜んであなたと、あなたが愛する方々に仕えていくことができるように導いてください。長い期間かもしれませんし、短い期間かもしれませんが、どれもあなたがとても大切に、ご自分の宝物として喜んでくださっていると私たちは知って、あなたを誉め称えつつ生きていくことができるよう導いてください。イエス様の貴い御名によってお祈りします。

アーメン。

（2022年10月2日）

乞食伝道者の幸い（第10章1～16節）

私の友人に、濱和弘さんという人がいます。日本ホーリネス教団小金井福音キリスト教会と相模原キリスト教会の牧師ですが、この人が『人生のすべての物語を新しく』という本を教文館から出していて、「傘の神学」というキリスト信仰理解を提唱しています。「傘」というのは雨が降ってきた時に差す傘です。大きな傘であれば、雨が降ってきた時、何人でもその下で一緒に雨を凌げる。また、傘には境界線がないのが特徴です。キリストの救いも、傘のようなもので、その下には境界線はなく、多様な人がその下に身を寄せることができるものだと述べています。これと対比されるのがシェルターの神学です。それは、キリストの十字架の教義を告白すれば、救いというシェルターに入ることができ、そうでなければ滅ぼされるというものです。濱牧師は、キリストの救いに与るとはシェルターに入ることではない、傘の下のようにオープンな救いの恵みに与ることができるのがキリストの福音なのだという趣旨のことを述べています。そして、神学とはそれを語る者の出自や生い立ちを含めた存在そのものの上に立つもので、その存在そのものから語られる時に真の神学になり得るとも述べています。難解な書でしたが、深く共感するところが多いものでした。

私もイエス様による救いの裾野は広いということを語り続けていますが、皆さんは「救われる」ということをどのように理解していらっしゃるでしょうか？　今読まれた聖書の箇所の中に、このような箇所がありました。

「あなたがたに耳を傾ける者は、わたしに耳を傾け、あなたがたを拒む者は、わたしを拒むのです。わたしを拒む者は、わたしを遣わされた方を拒むのです。」（10：16）

これは、福音を語る者の言葉に耳を傾ける者は救われ、そうでない者は救われないと言っているようにも読めます。しかし、これは、特定のシェルターに入らなければ救われないということを言っているのではありません。この箇所を理解する鍵は、「あなたがたに耳を傾ける者はわたしに耳を傾ける」とはどういうことかを理解することです。そこからまず考えなければならない。それが分かると、神様の救いは裾野が広いということが分かるのです。神様の救いの傘の下には特定の教義を告白するという境界線はないということが分かるのです。

その後、主は別に七十二人を指名して、ご自分が行くつもりのすべての町や場所に、先に二人ずつ遣わされた。（10：1）

弟子たちを、12人とは別に72人、イエス様は持っておられたということですが、72という数字については、どの注解書にも同じことが書いてあります。当時考えられていた世界の民族の数が72であったというのです。だから、これからイエス様は世界の全ての民族のところに行こうとしているとおっしゃっている、と理解されています。

そして彼らに言われた。「収穫は多いが、働き手が少ない。だから、収穫の主に、ご自分の収穫のために働き手を送ってくださるように祈りなさい。さあ、行きなさい。いいですか。わたしがあなたがたを遣わすのは、狼の中に子羊を送り出すようなもので

す。」（10：2～3）

「いいですか。わたしがあなたがたを遣わすのは、狼の中に子羊を送り出すようなものです」とおっしゃっています。伝道の働きというのは、神の子たちを苦しめる悪霊どもとの戦いである。悪魔を自らの頭とし神の子たちを圧迫する、神に反逆する悪霊どもとの戦いなのであるということをおっしゃっているのです。それは、非常に厳しい戦いであると。しかし、それに打ち勝つただ一つの道があるとおっしゃっています。この戦いに勝利するただ一つの道。あなただったらどうしますか？　金をたくさん持っていきますか？　有名な人を呼びますか？　イエス様は言っておられます。

「財布も袋も持たず、履《は》き物《もの》もはかずに行きなさい。道でだれにもあいさつしてはいけません。どの家に入っても、まず、『この家に平安があるように』と言いなさい。そこに平安の子がいたら、あなたがたの平安は、その人の上にとどまります。いなければ、その平安はあなたがたに返って来ます。」（10：4～6）

財布も袋も持たないで行けとは、物乞いとなって行けということです。人から食べ物を恵んでもらう、そういう人となって行けと。そして、履き物も履かずに行け。

履き物とは、当時の中東だとサンダルですが、履き物を履かせるというのは、名誉を回復すること、履き物を脱がせるというのは、名誉を剥奪することを意味していました。放蕩息子の譬え話では、裸足で帰ってきた放蕩息子を見て、父親が「履き物を履かせよ」と言います。これは名誉の回復を意味しています。また、イスラエルの第二代国王だったダビデが、息子アブシャロムに反逆されて命からがらエルサレムの宮殿から逃げ出すとき、裸足で逃げた。履く時間が無かったというよりむしろ悲しみ、卑しめられた者としての自分をそこで表しているわけです。

ですから、物乞いとなって、最も卑しめられた、名誉を失った者として伝道に行け、それが悪魔とその手下どもに打ち勝つただ一つの方法なのだ、道なのだとイエス様はおっしゃっているのです。これがただ一つの道だと言われたら、どうしますか、みなさん。

そして、「どの家に入っても、まず、『この家に平安があるように』と言いなさい。そこに平安の子がいたら、あなたがたの平安は、その人の上にとどまります。いなければ、その平安はあなたがたに返って来ます」と言われる。平安の子とは、どのような人でしょうか。平安に満たされている人でしょうか。平安に満たされている人がいたら、あなたがたが祈る平安はその人の家に留まる、というのは論理的に筋が通りませんね。むしろ、卑しめられた乞食伝道者であるあなた方、最も卑しめられた姿でやってきたあなた方が平安を祈ってあげたときに、「ありがとうございます。あなたの祈りによって私たちのところに平安が来ました」と喜ぶ者たち。これが平安の子どもたちです。神の平安に飢え渇く者たちであります。

どうでしょう？　物乞いとしてやって来たこの人たち、多分臭いと思うのです。お腹を空かせているし、飲み物も持っていない。下着の替えも持っていない。そういう人たちが来て、「神の平安がこの家にありますように」と祈ってくれたときに、「ありがとうございます」と心から感謝できる者たち、それが平安の子どもたちだと言うのです。「お祈りは有り難いですが、祈ってくれる前に、ちょっと風呂をどうですか」という訳にはいかない。

余談ですが、私は千葉に住んでいます。千葉駅に買い物があって行ったときに、托鉢のお坊さんを見かけました。駅前広場の隅に立って小さな声で念仏を唱えていた。経済的に大変な中で祈っておられるのが分かるような姿でした。宗教は違うけれど、本当に心を打たれました。ある意味、負けたと思った。そして、その方にわずかばかりですが献金して、

「ありがとうございます」と言ってその場を去ったのですが、こうして罪の世のために祈ってくれている人たちがいるのですね。それはクリスチャンだけではありません。そういう人たちを見て、「本当に有り難い」と思う心を、私たちは大切にしたいと思うのです。そういう方たちを見て、「あの人たちはイエス様を信じていないから地獄行きだ」と平気で言う人たちがいますが、それは間違っている。そのことを私たちは本当に心に覚えなければならないと思います。

さらに言われます。

その家にとどまり、出される物を食べたり飲んだりしなさい。働く者が報酬を受けるのは当然だからです。家から家へと渡り歩いてはいけません。どの町に入っても、人々があなたがたを受け入れてくれたら、出された物を食べなさい。（10：7～8）

ニューギニアに行って芋虫を出されたらどうしますか。現地の人と仲良くなるためには、彼らが食べているものを一緒に食べるということが重要ですが、イエス様はここでこの時代のイスラエルという文脈の中で語られているので、その観点から理解しなければなりません。「出された物は何でも食べなさい」というのは、律法の食物規定に合致しない物が出された場合でも、構わずに食べなさいということです。律法の食物規定を守るというのは、ユダヤ人たちにとってユダヤ人であること、自己のアイデンティティと結びついた重要なことでありました。豚や地を這うもの、鱗のない魚など汚れた動物と分類されるものは食べない。肉は血を抜いたものしか食べない。動物の乳で煮た肉は食べない、など細かい規定がありました。今でもこれらの規定を厳しく守っている人たちがいます。以前、ユダヤ教のラビ（教師）を招いた時、豚肉など食物規定では汚れたものとされているものを出さないことは言うまでもありませんが、それらをのせたことがある食器も使ってはならないということで、おもてなしは大変でした。

当時のイスラエルでは、十分の一の献げ物としているか、食物規定を守っているかという基準で人を分類するということが行われていました。両方とも守っている人、一方しか守っていない人、両方とも守っていない人。この両方とも守っていない人を「罪人」と呼んで、社会の最下層に位置付けていたのが当時の律法主義だったのです。マタイの福音書では、イエス様は弟子たちを無銭徒歩伝道にお遣しになる時、「むしろ、イスラエルの家の失われた羊たちのところに行きなさい」（マタイ10：6）とおっしゃっていますが、これは、このように「罪人」に分類されている人たちのところに行けと命じておられると言うことです。つまり、食物規定を守らない人たちのところに行けということです。ですから、「この肉は何の肉ですか？」「これはどういうふうに調理しましたか？」「ちゃんと血を全部抜いてから調理しましたか？」とか言うな、構わないから何でも食べなさい、ということです。これは当時のユダヤ人にとっては大変なことでした。食物規定に反する物が出されても感謝してそれを頂け、と言っているのです。完全にユダヤ教の枠を越えています。

ペテロによって、ローマ人である百人隊長コルネリウスとその家族、仲間たちに福音が伝えられたときもそうでした。それまでは弟子たちはユダヤ人にしか福音を語っていませんでしたけれども、ローマ人への宣教が開始されたとき、ペテロがヨッパの皮なめし職人シモンの家で祈っていたときに幻を見た。天からあらゆる四つ足の動物、這うもの、空の鳥が入った入れ物が降ろされて来て、声があった。「それを屠って食べよ」と。ペテロが「いえいえ、そんなことはできません。私はこれまで清くない物や汚《けが》れた物を食べたことはありません」と言うと、「主がきよめた物を汚《けが》れていると言ってはならない」と言われた。そういうことが三度あった後に、百人隊長の使いが皮なめし職人シモンのところにやって来て、ペテロを百人隊長の家に招いたということがありました。そこから異邦人伝道が始まったのです。このように、律法の食物規定に合致しない物を出されたときに「恐れずに食べよ」とおっしゃる。

これは単に食べ物のことを言っているのではありませんね。私たちには食物規定は関係ありません。ならば私たちにとって、それは何かと言えば、クリスチャンの考え方に合っているかどうか、キリスト教の考え方に合っているかどうかで人を差別するのではなくて、彼らと親しく交わり、そして復活のイエス様を伝えよ、ということであるのです。クリスチャンは他の人との間に壁を作りたがります。その壁を乗り越えていけ。イエス様の十字架の血は、その壁を打ち砕くものだった。そのことを私たちは本当に知っていきたいと思います。

そして、その町の病人を癒やし、彼らに『神の国があなたがたの近くに来ている』と言いなさい。(10:9)

神の国が完全に到来したときは、イエス・キリストが臨在なさっているときです。神の国があなたがたの近くに来ているというのは、その前の段階でも、主の御名による癒やしが行われるというのです。神の国はイエス・キリストの到来・臨在による統治です。イエス・キリストが親しく御臨在なさるところ、そこに神の国が満ちる。しかし、そこに至る前の段階においても、癒やしは与えられていく。

『ナルニア国物語』の「ライオンと魔女」を読んだことがある方はいらっしゃると思います。『ナルニア国物語』は、著者のC・S・ルイスが聖書の世界観を子どもたちに語りかけるものです。イエス・キリストを体現しているアスランというライオンがいます。白い魔女に支配されたナルニア国はいつも冬で、そこに住むものたちは白い魔女に支配され、逆らうと石に変えられてしまう。しかし、アスランがやって来て白い魔女を倒すのですが、アスランがナルニアにやってくる前に春が訪れるのです。白い魔女の支配は、アスランが到着する前に打ち砕かれ始める、そのことが語られています。それと同じように、イエス・キリストがありありと御臨在くださる前に、イエス・キリストの春はやってくる。癒やしは行われ始める。そのために私たちが遣わされるのです。

このことから乞食伝道者によって行われる伝道の二つの側面が浮き彫りにされます。一つは神だけに自分の存在が依存していることを知る時、神の奇跡的な力、悪霊を制する権威が発動するということ。もう一つは、貧しく、名誉もない者に助けの手を差し出す人に神の救いが実現するという現実なのです。

第一の点については、私がニューギニアに行ったときの話は何度もしているので、もう覚えていらっしゃると思います。私がニューギニアに行って、神様の不思議な癒やしの伝道、癒やしの業を目撃させていただいた時は、マラリアの薬を完全に現地の人と共有すると決めて、自分の分を取り分けておかなかった時でした。マラリアの薬はすぐになくなることは分かっていましたから、自分の命を神様に完全に預けていたのです。

1回目はそれができなくて、もう絶対にニューギニアになど行きたくないと思ってオーストラリアに逃げ帰りました。2回目に主が導かれた時、「自分の命も、神様あなたの御手の中にあります。必ずあなたが守ってくださることも知っています。薬を分けずに、すべてを彼らと共有します。あなたが生きて働いてください」と祈りながら行った時に、神の奇跡的な力、悪霊を制する権威が発動したのです。それは私の力ではないのです。神がそうなさった。弟子たちも自分に与えられた権威、病気が癒やされ、悪霊どもさえ制することができる権威に驚いたということがこれに続く箇所で語られています。

第二の点は、貧しく、卑しめられ、名誉もない者に助けの手を差し出す人に神の救いが実現するという原則です。イエス様は言われました。「あなたがたを受け入れる者はわたしを受け入れるのだ。わたしを受け入れる者はわたしを遣わされた方を受け入れるのだ」と。では、あなたがたを受け入れるとはどういうことか。汚く、まさに物乞いとしてやってきた人たちを受け入れるということです。

パプア・ニューギニアに1回目に行ったとき、最初本当に困った状況に陥りました。空港に迎えに来るはずの人が来なかったのです。本来オーストラリア国立大学が所有する研究者用ゲストハウスの管理人が迎えに来ることになっていたのですが、私はそれをキャンセルました。私は国際基督教大学の大学院生だった時、外務省の「環太平洋諸国若手外交官日本語教育プロジェクト」で日本語を教えていたのですが、そこで日本語を教えたパプア・ニューギニア外務省の外交官のMさんが「私が迎えに行くから、大学のゲストハウスのほうはキャンセルしてください」と強く申し出てくれたからです。ところがMさんは迎えには来ませんでした。

同じ飛行機を降りた人たちは全員誰かが迎えに来て、次々に空港からいなくなっていきます。しばらくすると、私だけが空港の出口に残されました。私は10人ほどの現地の男たちに取り囲まれ、何をされるか、どこに連れて行かれるのか分からないというような状況になりました。Mさんに電話しなければならない。私は空港に隣接する銀行に駆け込み、公衆電話で使えるコインに両替してもらい、電話をしようとしました。しかし、電話機にコインが入りません。コインが一杯でそれ以上受け付けないのです。私は、私を取り囲んでいる10人ほどの男たちに公衆電話はどこにあるか尋ねました。50メートルぐらい先にあるということだったので、両手に余るような荷物を引き摺るようにして公衆電話器に辿り着き、外務省のMさんに電話をかけました。

「Mさん、ポートモレスビー国際空港につきました。」「ああ、岩本センセイ、声が聞けて嬉しいです。」Mさんは、何度も「嬉しい、嬉しい」と言っています。「Mさん、迎えに来てくれると言いましたよね。」「私は会議中なので行けません。それに車を持っていないから迎えには行けないのです。」私は仰天しました。〈Mさんを信用した自分が馬鹿だった。Mさんの日本での行動から予測できたはずだった。大学のゲストハウスの迎えをキャンセルすべきではなかった。〉「とにかく、今から外務省に行きます。」

私は、私を取り囲んでいる男たちにタクシーに乗ると言いました。彼らはタクシーの客引きだったのです。彼らは私の手から荷物をもぎ取り、四駆のピックアップトラックの荷台に投げ込みました。するとそこからは、身長190センチメートルはあるようなプロレスラーのような大男が降りて来ました。その男はタクシーの親分で、客引きの男たちはその子分だったのです。〈これはまずいことになるかもしれない〉と思いましたが、もう乗るしか選択肢はありません。「外務省に行ってくれ。」「外務省？　何だ、それは？」と言いながら車は発進しました。無線で外務省がどこにあるか尋ねていたので、到着はするだろうと思いましたが、気がついたらメーターは回っていません。数分で外務省が入っている政府庁舎に着きました。支払いで揉めましたが、約4千円支払って降りることができました。

受付でMさんと約束があると伝え、1時間ほど待たされましたが、やっとMさんと会えました。しかし、そこにいつまでも長居はできません。大学のゲストハウスはベッドとシャワー、ガスコンロしか備えられておらず、食料と飲料水は自分で調達しなければならないことになっていたからです。日は傾いて来ています。「岩本センセイ、センセイと会えて嬉しいから、一緒にビールを飲みたい。センセイ、ビール飲みますか」とMさんが言います。「良いですよ」と答えると、Mさんは缶ビールを持って来てくれました。しかし、ビールを一口飲んだ途端、緊張が解けたのか、非常に大きな疲れに襲われ、私は動けなくなってしまった。だんだん暗くなりつつあります。〈これはまずい！〉オーストラリア国立大学の担当者からは、ポートモレスビーの夜道を一人で歩くのは自殺行為だと警告されていました。右も左も分からない。大学のゲストハウスの住所は持っていましたが、その前に食料と飲料水を買わなければなりません。どうしたらそれが可能か、全く分からないのです。Mさんは全く当てになりません。私は、最後の手段と思い、日本大使館に電話をかけました。「もしもし、農水省から来ておられる高澤さんはいらっしゃいますか?」キャンベラを発つ前、オーストラリアの日本大使館に出向しておられた農水省の官僚の方から、高澤修さんという同僚の方がパプア・ニューギニア大使館に出向していると聞き、その電話番号をいただいていたのです。

「高澤さんですか? 実は農水省の○○さんから高澤さんのお名前とお電話番号を頂いてお電話しました。急で不躾なお願いで大変申し訳ありません。助けていただけないでしょうか。今、外務省にいます。食料品と飲料水を買ってから大学のゲストハウスに行かなければならないのですが、どこで買い物をしたら良いか分かりません。」「大学のゲストハウスまではタクシーで来られますか?」「はい、それは可能だと思います。」「では、私も今からそこに向かいます。」

私はMさんにタクシーを呼ぶように頼みました。しかし、そこでもう一度あのタクシーの親分と会うとは思いませんでした。Mさんはその親分に説教していますが、後の祭りです。ゲストハウスに着いた時、丁度高澤さんも到着しました。ゲストハウスは政府庁舎と日本大使館の丁度中間のところにあったのです。

高澤さんは、オーストラリアにあるのと同じようなスーパーに連れて行ってくださり、食糧と飲料水を買うのを助けてくださっただけではなくて、「今日は拙宅に来て食事をしてください」とおっしゃってくださいました。急なことだったのに、高澤さんも奥様も息子さんも私を受け入れてくださって、日本食でもてなしてくださいました。そして、マラリア蚊の生息する沼沢地のジャングルに行くと言うと、蚊取り線香50巻1缶をくださいました。そして、ゲストハウスまでお送りくださり、「オーストラリアに帰るときには、もう一度立ち寄ってください。現地のことをご教示ください」と言ってくださった。

私は無銭徒歩伝道ではありませんでした。研究費をもらっていきました。飛行機に乗っていきました。ですが、この霊的な原則ははたらくのです。マタイの福音書でイエス様はこう言われています。十字架にかけられる前の最後のメッセージです。イエス様が最も大切にしておられたメッセージです。


「それから王は右にいる者たちに言います。『さあ、わたしの父に祝福された人たち。世界の基が据えられたときから、あなたがたのために備えられていた御国を受け継ぎなさい。
あなたがたはわたしが空腹であったときに食べ物を与え、渇いていたときに飲ませ、旅人であったときに宿を貸し、わたしが裸のときに服を着せ、病気をしたときに見舞い、牢にいたときに訪ねてくれたからです。』すると、その正しい人たちは答えます。『主よ。いつ私たちはあなたが空腹なのを見て食べさせ、渇いているのを見て飲ませて差し上げたでしょうか。いつ、旅人であるのを見て宿を貸し、裸なのを見て着せて差し上げたでしょうか。いつ私たちは、あなたが病気をしたり牢におられたりするのを見て、お訪ねしたでしょうか。』すると、王は彼らに答えます。『まことに、あなたがたに言います。あなたがたが、これらのわたしの兄弟たち、それも最も小さい者たちの一人のためにしたことは、わたしにしてくれたのです。』」（マタイ25：34～40）。

高澤修さんは、日本に帰国後数年でお亡くなりました。生きている間にイエス様のことを知ることはなかったと思います。しかし、主は高澤さんにおっしゃるのです。「わたしの父に祝福された人よ。世界の基が据えられたときから、あなたのために備えられていた御国を受け継ぎなさい。あなたはわたしが空腹であったときに食べ物を与え、渇いていたときに飲ませてくれた」と。

あなたが苦しみの中にあったときに、あなたに親切にしてくれた人がいると思います。生きている間に、彼らは主イエスに出会ったかも知れない。あるいは、出会うことがなかったかもしれない。しかし、主は彼らに言われるのです。「あなたがたはわたしが空腹であったときに食べ物を与え、渇いていたときに飲ませ、旅人であったときに宿を貸し、わたしが裸のときに服を着せ、病気をしたときに見舞い、牢にいたときに訪ねてくれた」と。「あなたがたが、これらのわたしの兄弟たち、それも最も小さい者たちの一人のためにしたことは、わたしにしてくれたのです」と。

このように、見てくると、今日の聖書の箇所でイエス様が次のように言われている言葉の意味がはっきりして来ます。

「しかし、どの町であれ、人々があなたがたを受け入れないなら、大通りに出て言いなさい。『私たちは、足に付いたこの町のちりさえ、おまえたちに払い落として行く。しかし、神の国が近づいたことは知っておきなさい。』」（10：10〜11）

これはキリストの福音を受け入れなかった者たちへの警告の言葉と言うより、むしろ飲む物も食べる物もなく、泊まる場所もない人を無視する人たちに対する警告だということです。私たちは、主のこのお心を忘れてはならないと思います。

あなたが苦しかったときに手を差し伸べてくれた人、その方々のことをイエス様は「わたしは決して忘れない」「わたしにしてくれたのだ」と言ってくださっている。

見よ。わたしが支えるわたしのしもべ、わたしの心が喜ぶ、わたしの選んだ者。わたしは彼の上にわたしの霊を授け、彼は国々にさばきを行う。彼は叫ばず、言い争わず、通りでその声を聞かせない。傷んだ葦を折ることもなく、くすぶる灯芯を消すこともなく、真実をもってさばきを執り行う。衰えず、くじけることなく、ついには地にさばきを確立する。島々もそのおしえを待ち望む。（イザヤ書42：1～4）

私たちは自分が一所懸命神の国の働きをしている時に、それによって神の国が前進していると思いがちです。それだけが神の国を前進させる方法だと思っているなら、違う側面もあるということを知らなければなりません。私が苦しみの中にいた時に手を差し伸べてくれた人がいる。そのことによって神の国が前進したのです。あなたが苦しみの中にあるとき、神様はあなたを見捨てているのではない。あなたに手を差し伸べてくれた人たちをイエス様は握ってくださっていたのです。

お祈りをしましょう。

主イエス様。あなたは不思議な方です。私たちが打ちのめされたときにも、そんな中にあってもあなたは神の国をすすめられる方。あなたの心をもっと教えてください。あなたが生きられた愛に私たちも生きることができるように、私たちの目を開いて、心を開いて、それをなさせてください。主イエス様、今ウクライナから世界中に逃れている方々、ウクライナに残っている方々を、あなたがどうぞ守ってください。彼らに援助の手を差し伸べている一人ひとりの手を強めてください。ロシアの方々の上にも、あなたの救いの御手を伸ばしてください。天のお父さま。平和を創る方法を、私たちが本当に知り、なすことができるように導いてください。イエス様の尊い御名によってお祈りします。アーメン。

（2022年10月30日）

愛は取引しない（第10章25～37節）

イエス様がルカの福音書の中で語られた譬えの中に有名なものが二つあります。一つは放蕩息子の譬え、もう一つはこの良きサマリア人の譬えです。この良きサマリア人の譬えについて、神学的にはいろいろな考え方がありますが、あなたは、私は、今私たちが置かれている世界の状況、日本の状況の中で、これをどのように受け止めたら良いのでしょうか。

話そのものは、説明することもないほどわかりやすいものです。イエス様の譬え話は非常にわかりやすいです。ただ、その背景がどうなっているのか、祭司やレビ人がどういう人たちであったのかを理解すること、またサマリア人がどういう人たちであったかを理解することによって、ここで言われていることの意味をさらに私たちは理解することができるでしょう。このように言われています。

さて、ある律法の専門家が立ち上がり、イエスを試みようとして言った。「先生。何をしたら、永遠のいのちを受け継ぐことができるでしょうか。」（10：25）。

試みようとして言ったとありますから、自分なりの答えは持っていたわけです。律法の専門家だからそれなりに勉強してきているし、後でイエス様が「あなたの言っていることは正しい」とおっしゃっていますから、自分なりに律法を研究して同じような結論には達していたということですね。一方、この人は、何をすれば、どうすれば永遠のいのちを受け継ぐことができるか尋ねています。律法の研究だけによっては平安を得ることができない自分の内的状態を意識していたということです。自分自身は死と共に永遠に消え去ってしまう存在なのか？　それとも、永遠の神との関係の中にあり続ける存在なのか？　終わりの復活の日に、滅ぼされず、永遠のいのちを与えられるためには何をすれば良いのか？　そういう思いを持っていた。このように思うこと自体は、もちろん悪いことではありません。永遠への思いをもつことは良いことです。

しかし、ここで問題なのは、「何をすれば」というところにあります。思いが自分の行為に向いている。イエス様はそこを見抜かれたわけです。イエス様は彼に逆に質問なさった。「律法には何と書いてあるか。あなたはどのように読んでいるのか」と。

すると彼は答えた。「『あなたは心を尽くし、いのちを尽くし、力を尽くし、知性を尽くして、あなたの神、主を愛しなさい』、また『あなたの隣人を自分自身のように愛しなさい』とあります。」(10：27)

前半部分、「あなたは心を尽くし、いのちを尽くし、力を尽くし、知性を尽くして、あなたの神、主を愛しなさい」とあります。これは、申命記第6章5節の言葉で、イスラエル人が毎日唱えていた「シェマーの祈り」です。「聞け！　イスラエルよ。神はただ一人の神である。あなたは、心を尽くし、いのちを尽くし、力を尽くし、知性を尽くして、あなたの神、主を愛しなさい。」「聞け」はヘブライ語で「シェマー」と言います。ですから、これを「シェマーの祈り」と呼びます。イスラエル人が毎日唱えていたこの部分については、誰も異論はありませんでした。

ところが、もう一方の「あなたの隣人を自分自身のように愛しなさい」については、統一した解釈がなかった。これは、レビ記19章18節の言葉です。「私の隣人とは誰か」、「自分自身のように愛さなければいけない自分の隣人とは誰か」ということについて、イスラエル人たちの間で議論が行われていたのです。

イエスは言われた。「あなたの答えは正しい。それを実行しなさい。そうすれば、いのちを得ます。」しかし彼は、自分が正しいことを示そうとしてイエスに言った。「では、私の隣人とはだれですか。」（10：28～29）

これはまさに、当時議論されていたことについて、イエス様の見解を求めたということなのです。イエス様は、これに対して譬え話でお答えになります。

「ある人が、エルサレムからエリコへ下って行ったが、強盗に襲われた。強盗たちはその人の着ている物をはぎ取り、殴りつけ、半殺しにしたまま立ち去った。たまたま祭司が一人、その道を下って来たが、彼を見ると反対側を通り過ぎて行った。同じようにレビ人も、その場所に来て彼を見ると、反対側を通り過ぎて行った。ところが、旅をしていた一人のサマリア人は、その人のところに来ると、見てかわいそうに思った。そして近寄って、傷にオリーブ油とぶどう酒を注いで包帯をし、自分の家畜に乗せて宿屋に連れて行って介抱した。次の日、彼はデナリ二枚を取り出し、宿屋の主人に渡して言った。『介抱してあげてください。もっと費用がかかったら、私が帰りに払います。』この三人の中でだれが、強盗に襲われた人の隣人になったと思いますか。」彼は言った。「その人にあわれみ深い行いをした人です。」するとイエスは言われた。「あなたも行って、同じようにしなさい。」（10：30～37）

「ある人が、エルサレムからエリコへ下って行ったが、強盗に襲われた。強盗たちはその人の着ている物をはぎ取り、殴りつけ、半殺しにしたまま立ち去った」とあります。人通りの多い道ではありましたが、強盗が待ち伏せするような場所があったのだと思います。「たまたま祭司が一人、その道を下って来たが、彼を見ると反対側を通り過ぎて行った。同じようにレビ人も、その場所に来て彼を見ると、反対側を通り過ぎて行った」（10：31～32）。

これはどういう気持ちでしょうか。電車に乗って自分が座っていて、近くに老人が立っているのを見たときに見ないふりをする、というのと同じ気持ちでしょうか。「私だったら、ぱっと立って席を譲る。だから、こういうのはあり得ない」と考えることもできる。しかし、もう少し深く考えた方が良い。この人はひょっとすると死んでしまうかもしれないのです。介抱しているうちに死んでしまうとどうなるのか。民数記にこういう規定がありま
す。

死人に触れる者は、それがどの人のものであれ、七日間汚《けが》れる。その者は三日目と七日目に、先の水（雌牛の灰によって清めた水）で身の汚《けが》れを除いて、きよくなる。三日目と七日目に身の汚《けが》れを除かなければ、きよくならない。死人、すなわち死んだ人間のたましいに触れ、身の汚《けが》れを除かない者はみな、主の幕屋を汚《けが》す。その者はイスラエルから断ち切られる。その者は汚《けが》れを除く水を振りかけられていないので汚《けが》れていて、その者の中になお汚《けが》れがあるからである。（民数記19：11～13）

日本語訳聖書で「たましい」と訳されている言葉は、ヘブライ語で「ネフェッシュ」と言いますが、これは、元来、「動物の息」つまり「体のいのち」を意味します。ですから、この民数記で「死んだ人間のたましい」と訳されているのは、遺体を意味します。遺体に

触れ、「身の汚《けが》れを除かない者はみな、主の幕屋を汚《けが》す」、つまり礼拝の場所を汚《けが》すという意味です。「その者はイスラエルから断ち切られる。その者は汚《けが》れを除く水を振りかけられていないので汚《けが》れていて、その者の中になお汚《けが》れがあるからである」とあります。汚《けが》れたままだと、礼拝の場所を汚《けが》す。そのようなものはイスラエルから断ち切られるというほど、思い処罰を受けるということです。

では、汚《けが》れとは何か。現在の日本語では、「汚」という漢字は「汚《きたな》い」「汚《よご》れ」にも使われますから、「汚《けが》れ」は汚《きたな》いこと、汚《よご》れていることと誤解されることが多いですが、聖書の中で汚《けが》れというと「いのちが欠乏している状態」を指す言葉なのです。

律法の中では、女性は月経により汚《けが》れると言われますが、それは、血を失うことにより、いのちの欠乏状態になるという意味です。男性についても、精液を外に出すと汚《けが》れると言われますが、それは、これがいのちを外に出すことだからです。いのちが全部無くなった状態は死です。だから死は最大の汚《けが》れであると言われるわけです。

さらに、汚《けが》れは伝染するという思想があった。いのちの欠乏状態は人に移るという思想です。そのため律法は汚《けが》れた者、いのちが欠乏した人たちをいったん人との交わりから分離して休ませ、いのちが回復してから、清い水を掛けられるという儀式を経て、社会活動に復帰させる道を示していました。つまり、お前は汚いから引っ込んでいろ、というように差別するのではなくて、いのちを回復する時を持て、いのちの回復のために神様が定めた方法によってそれを執り行い、正式に社会活動を営むことができるようにせよ、という教えだったのです。

この観点から今日のルカの福音書を読むと、祭司とレビ人の行動の理由が良くわかります。「ところが祭司は見ないふりをして反対側の道に行った」とあります。祭司、すなわち、幕屋や神殿のように神を礼拝する場所で仕える人たちは、親や子、妻、兄弟以外の葬儀に立ち会ってはならないと定められていました（レビ記21：1〜2）。近親者の場合、葬儀をしなければいけない。けれども、それ以外の人に関しては、自分の師であっても、その死体に近寄ってはならない。そのことによって死の汚《けが》れを受けると、幕屋や神殿で礼拝する務めができなくなるからだと。

今でも、祭司の子孫であるユダヤ人たちがいます。ヘブライ学博士で私にユダヤ教や旧約聖書のことを長年教えてくださっている手島佑郎先生という方がいますが、この先生が『トーラーの門』という個人誌を発行しておられますが、その中で、祭司の子孫は、自分の先生のお墓参りにも絶対に行かないと述べておられます。なぜかと言うと、いつエルサレム神殿が復興されて神殿の務めが回復されるかわからない。そのことを信じている。そうであるならば、祭司として近親者以外の死体の近く、お墓に行かないのは当然であると。今でもこのように律法を守っている人たちがいるのです。

当時、神殿での勤めをしていた祭司たちが死体に近寄らないのは、律法の定めに従った行為でありました。ですから、死にかけている人のそばにも寄らないのは、言わば、祭司にとって当然の行為だったのです。レビ人というのは祭司を補助する役割を与えられた人たちですから、レビ人も死体のそばに寄らないように注意深く生活していたわけです。さらに、大祭司や誓願を立てたナジル人（献身者）は家族の葬儀にも立ち会ってはならないと言われるほど、厳しい定めがありました。つまり神に仕える者はいのちの欠乏状態に陥ってはならない、というのが律法の教えでありました。

祭司やレビ人にとっては、死にかけているかもしれない人に近づかないことは、律法に従った正しい行為だったのです。この人たちは、いのちを助けることよりも、律法に定められている自分の立場を大切にしたということです。

「ところが、旅をしていた一人のサマリア人は、その人のところに来ると、見てかわいそうに思った」（10：33）。その人を見て、お腹の底から熱いものが湧き上がってきたということとですね。

「そして近寄って、傷にオリーブ油とぶどう酒を注いで包帯をし、自分の家畜に乗せて宿屋に連れて行って介抱した。次の日、彼はデナリ二枚を取り出し、宿屋の主人に渡して言った。『介抱してあげてください。もっと費用がかかったら、私が帰りに払います』」（10：34〜35）。

サマリア人は、当時ユダヤの人々からは、神の契約の外、救いの外にいると考えられていた人たちです。歴史的には、ソロモン王の死後、イスラエルが南北王国に分裂した後、北イスラエル王国の首都となったのがサマリヤです。ダビデの直系子孫たちが王家を継いでいった南ユダ王国とは異なり、下剋上によって次々に王が殺されては、新しい王が王座に着くということを繰り返します。また、バアル、アシュタロテを主神とする偶像崇拝によって精神的に荒廃していき、ついに、紀元前722年アッシリア帝国のサルゴン二世によってサマリヤは陥落させられます。サルゴン二世は、サマリヤ人をアッシリアに捕え移し、サマリヤには帝国各地の人々を植民させ、残されたサマリヤ人との混血も進んだようです。

一方、残されたサマリヤ人たちの中には、自らをエフライム族、マナセ族の末裔と考え、トーラーのみを基準とする正統的なイスラエルの後継者であると考えていた人たちもいました。南ユダ王国が紀元前597年にバビロニア帝国に征服され、バビロンに捕囚とされたのち、紀元前537年にアケメネス朝ペルシャのキュロス二世が捕囚を解き、ユダの人々はエルサレムに帰還し、神殿再建を始めますが、サマリヤでもそれに対抗してゲリジム山に神殿を建設します。サマリヤ人は、モーセ五書、すなわちトーラーだけを正典としますが、再建されたエルサレム神殿を中心とするユダヤ教については、バビロン捕囚の間に変質したものとして、それを正統的ユダヤ教とは認めていませんでした。因みに、サマリヤとは、「守る者」という意味でサマリヤ人が自らを律法の守護者と自認していたことを表します。その後サマリヤの神殿はヘレニズム化され偶像崇拝が行われるようにもなったため、紀元前128年ごろ、ユダヤの祭司王ヨハネ・ヒルカノス一世がサマリヤの神殿を破壊するに及び、ユダヤとサマリヤの対立は決定的となります。

エリ・リゾルキン・エイゼンベルグという聖書学者は、ユダヤとサマリヤの対立を、現在のイスラム教のシーア派とスンニー派の対立になぞらえています。両者は大きなイスラエルを構成するものでしたが、互いの信仰を否定する関係だったのです。

そのような意味で、ユダヤ人たちは、サマリア人が救われるなんてことはあり得ないと考えていました。このような歴史的、社会的文脈の中でイエス様は問われます。

「この三人の中でだれが、強盗に襲われた人の隣人になったと思いますか。」彼は言った。「その人にあわれみ深い行いをした人です。」するとイエスは言われた。「あなたも行って、同じようにしなさい。」（10：36～37）

イエス様はおっしゃっているのです。「強盗に襲われた人の隣人、自分自身のように愛したのはサマリヤ人だ。誰が永遠のいのちを得たのか？　このサマリア人だ」と。これはものすごい発言だったのです。

皆さん、この譬え話を聞いて、「ああそうか。困っている人を助けたら永遠のいのちをもらえるんだ。じゃあ、今までは助けなかったけれど明日からは助けるようにしようか」と思いますか。そういう話ではないことは明らかです。もしそういう思いで私たちが困っている人を助けるとしたら、イエス様は何と言われると思いますか？「偽善者よ！」とおっしゃるのではないでしょうか。

考えてみてください。このサマリア人は永遠のいのちを得るために、この強盗に襲われた人を助けたのでしょうか。この律法学者は、「永遠のいのちを得るために何をしたら良いか」と尋ねました。しかし、このサマリヤ人は、永遠のいのちを得るために、強盗に襲われた人を助けたわけではなかったのです。

私たちのイエス・キリストに対する信仰も、隣人に対する愛の業も、永遠のいのちを得るための交換条件とはなり得ません。私は日本に帰ってきてから、一般の教会の福音派の人たちとの交わりの中に生きるようになりましたが、教会の中でよく聞きました。「あなたは罪があります。罪を認めて、イエス様を信じなかったら地獄に行きます。だからあなたは天国に行くためにイエス様を信じなくてはならないのです」と。しかし、これは取引です。つまり、地獄に行かずに天国に行くために、イエス様を信じる。天国に行くための手段としてイエス様を信じることを勧めているということではないでしょうか。これはイエス様との信頼関係であるキリスト信仰からは大いにずれていると私は思います。イエス様は、我々が死んだ後に天国に行くための手段ではない。また、誰かが倒れているのを見てかわいそうに思って助けてあげる、それは私たちが天国に行くための手段などではあり得ないのです。

このサマリア人は一定の経済力を持っていたと思います。倒れた人を宿屋に連れて行って介抱してやって、お金をその場で2デナリ、今の2万円以上をまず出した。そして「足りなかったら私が払うから」と。「あなたも行って同じようにせよ」と言われて、「いや、手持ちの金が2万円もないんだけれど」と思う人はいませんか。これと全く同じことをせよと言われても、経済的に苦しい時はできません。となれば、イエス様の「あなたも行って同じようにせよ」と言われる「同じように」とは、どういうことを意味しているのか？　イエス様の真意はどこにあるのか？

　イエス様は、「神様はあなたの取引相手ではない」とイエス様はおっしゃっているのです。「何をすれば、どうすれば永遠のいのちをいただくことができますか？」と言うとき、あなたは神様を取引相手として考えているということです。神様はそういう方ではない。真の愛は取引しないのです。真の愛は無条件です。

　ロシアがウクライナに一方的に侵攻したウクライナ戦争が今も続いています。日本にいたら分かりにくいですけれども、ヨーロッパは地続きですから、ウクライナからポーランドやドイツの方に逃れていく方はたくさんいらっしゃる。ドイツに住んでいる私の友だちの中にも、ウクライナの人たちを自分の家庭に住まわせ、彼らが自立していくことができるように援助をしたご夫婦がいます。永遠のいのちをもらうためにやっているのか？絶対に違います。夫の方はクリスチャンですが、妻の方は洗礼を受けていません。イエス様の愛には共感するが、聖書の中にある、神の命令によって神の民が行った殺戮の出来事をどうしても受け入れられず、洗礼を受けることができないでいるのです。しかし、彼女も、ウクライナから逃れてきている人たちの惨状を見て、心が張り裂けそうになって自分の家に迎え入れているのです。

もしクリスチャンである私たちが、永遠のいのちをいただくために、「弱った人を私は助けました」と言ったら、イエス様は「わたしはあなたのことを知らない」とおっしゃると思います。「私はあなたの名によって大いなる働きをしたではありませんか？」「いや、わたしはあなたを知らない」と（マタイ7：22～23参照）。

愛は無条件なのです。何の取引もしないのです。ある意味、無計画と言っても良い。イエス様に出会ったときに、この方が自分の神であることを知るから、この方を愛するのです。天国に行かせてもらうために信じるのではありません。困っている人を見たときに、胸の内側から熱いものがこみ上げてきて、胸が張り裂けそうになる。だから助けるのです。これが愛するということです。

マタイの福音書でイエス様が最後の説教でこう言っておられます。

それから王は右にいる者たちに言います。『さあ、わたしの父に祝福された人たち。世界の基が据えられたときから、あなたがたのために備えられていた御国を受け継ぎなさい。あなたがたはわたしが空腹であったときに食べ物を与え、渇いていたときに飲ませ、旅人であったときに宿を貸し、わたしが裸のときに服を着せ、病気をしたときに見舞い、牢にいたときに訪ねてくれたからです。』すると、その正しい人たちは答えます。『主よ。いつ私たちはあなたが空腹なのを見て食べさせ、渇いているのを見て飲ませて差し上げたでしょうか。いつ、旅人であるのを見て宿を貸し、裸なのを見て着せて差し上げたでしょうか。いつ私たちは、あなたが病気をしたり牢におられたりするのを見て、お訪ねしたでしょうか。』すると、王は彼らに答えます。『まことに、あなたがたに言います。あなたがたが、これらのわたしの兄弟たち、それも最も小さい者たちの一人のためにしたことは、わたしにしてくれたのです』（マタイ25：34〜40）。

彼らは、イエス様のためにこれをやったなんて思っていないのです。まして、天国に行くため、永遠のいのちを得るためとか、そういう思いは全くもっていないのです。ただ、苦しんでいる人を見ると胸が張り裂けそうになる。お腹の底から熱いものがこみ上げてくる。

その思いによってなした行為。イエス様はそれを、ご自分の宝としてくださっている。

皆さん、この本をご存知でしょうか。『ウクライナから来た少女ズラータ、16歳の日記』という、最近出版された本です。ロシアがウクライナに侵攻して早い時期に、ウクライナから日本に逃れてきたズラータと言う一人の少女の日記です。日本の漫画と小説を手に取って魅了され、なんとかこれを日本語で読めるようになりたいと思って、必死で日本語を勉強しました。良い先生との出会いもあり、まだ日本人とは話したことはなかったけれど日本語が上達していった。そして、いつか日本に行って、漫画を描く仕事をすることが夢となっていきました。

そんなときに戦争が起こった。お母さんは、この少女を戦火から逃れさせるために、蓄えていた約16万円をこの子に渡し、日本に送り出すことにした。しかし、いろいろな困難があった。最終的にポーランドのワルシャワから日本に来るのですが、飛行機に乗る前にコロナに罹り、乗るはずだった飛行機に乗れなくなった。陰性になるまで飛行には乗れないため、ワルシャワで足止めを喰らった。しかし、ホテルに泊まるお金がありません。ところが避難中に出会った日本のテレビ局の取材の人がホテル代を出してくれて、隔離期間と陰性になるまでの期間、ワルシャワに滞在できるようにしてくれた。さらに陰性になるまでの間、ズラータさんは日本語ができるので、取材の通訳を頼まれるのですが、それがきっかけで知り合ったある日本人女性が、ズラータさんのこれまでの歩みと夢、そして今の窮状を聞いて、飛行機代を出してくれたのです。「その16万円は日本で必要になるから、私に飛行機代を出させて」と。このようにして戦火を逃れ、いのちを助けられ、日本に奇跡的に来ることができた。ズラータさんを助けた人たちがクリスチャンであったかどうかを私は知りません。はっきり言って関係ない。

イエス様は、「この戦火の中で希望を失いそうになる一人の少女、私の娘を助けてくれた。それはわたしにしてくれたのだ」とおっしゃっているのではないでしょうか。イエス様はそういうお方です。

戦争という悲惨を引き起こしたロシアは、すぐにこれを止めなければなりません。この悲惨は天から降ってきたものではありません。地獄から沸き上がってきたものです。そのような苦しみの中に陥った人たちを助ける人たちの手、それによって神の国がこの地に作られていくということを私たちは心に覚えて、私たちもこの働きに加わるものでありたいと心から願います。それは決して洗礼を受けたクリスチャンだけが行っているものではなくて、イエス・キリストを知らない人たちをとおしても行われているのです。イエス様は彼ら一人ひとりに「あなたがこれらの小さい者の一人のためにしたことはわたしにしてくれたことだ」とおっしゃっている。そのことを覚えたいと思います。

皆さんにも是非ズラータさんを支えてもらいたいです。この本を買うことによって、本を他の人たちに宣伝してくれることによって、この人が自立して生きていくことを助けることができます。そのことも覚えていただければと思います。

お祈りをしましょう。

私たちの王であるイエス様。あなたは私たちを無条件で愛してくださいました。何の取引もせず、一方的に愛してくださいました。いのちを注いでくださいました。私たちも無条件で何の取引もせずに愛する者となることができますよう、助けてください。イエス様の御名によってお祈りします。アーメン。

（2022年11月13日）

しるしではなく実体に出会う（第11章29～36節）

アドベント、待降節の礼拝をささげていますが、先ほどご一緒に読んだ聖書の箇所に「あなたがたは布にくるまって飼い葉桶に寝ておられるみどりごを見つけます。それがあなたがたに与えられるしるしです」（ルカ2：12）とありました。一方、今日のメッセージの箇所でイエス様は、「この時代は悪い時代だ。しるしは与えられない」とおっしゃいます。矛盾を感じませんか？　次のように言われています。

さて、群衆の数が増えてくると、イエスは話し始められた。「この時代は悪い時代です。しるしを求めますが、しるしは与えられません。ただし、ヨナのしるしは別です。ヨナがニネベの人々のために、しるしとなったように、人の子がこの時代のために、しるしとなるからです。」（11：29～30）

イエス様降誕の時にはしるしが与えられているのに、他方ではしるしは与えられないと断言されている。しかし、さらに「人の子がこの時代のために、しるしとなる」とおっしゃっている。しるしは与えられるのか？　与えられないのか？　論理が錯綜しているようにも思える。どのように理解したら良いのでしょうか？

この疑問を解く鍵は「しるし」という言葉が何を意味するのかを知ることです。しるしは「実体」を指し示すものであって、実体そのものではありません。テレビの『水戸黄門』をご存知なのは中高年の方々になってしまうかもしれませんが、あの葵の紋の印籠はその持ち主が水戸光圀であることを示すもので、これがしるしです。葵の紋の印籠そのものは水戸光圀ではありません。実体である水戸光圀を指し示すしるしとしての役割を果たすものので、あの印籠が出されると、確かにこの老人を水戸光圀であると人々が認め、平伏するということになるわけです。

この聖書の場面で、人々はイエス様が神の子であることのしるしを求めました。イエス様に向かって「あなたが神の子であることの『しるし』を示せ。証拠を出せ」と言ったということです。これに対してイエス様は「この時代は悪い時代だ。しるしを求めるが、しるしは与えられない」とおっしゃった。何故でしょうか？
「水戸黄門」の中にも、水戸光圀に謁見したことがある人物が時々登場します。顔を見ただけでそれが水戸光圀であることが分かる。すると、そこには印籠は必要ないのです。もしそこで、「印籠で確認させてください」と言うなら、光圀は「そなたに見せる印籠などない」と言うのではないでしょうか。それと同じです。

イエス様はご自分の民のところに来られました。そこで福音の言葉を語り、病んだ者を癒やし、悪霊に取り憑かれたものを救っていかれました。神の民にはイエス様が神の子であることが分かるはずなのです。その実体に触れているからです。世の光であるイエス様がここにいるから、しるしは要らないのです。神の子が目の前にいるのに、イエス様が神の子であることのしるしを求める。イエス様の実体はどうでも良い。イエス様と自分との人格的関係などなくても良いということなのです。だから、イエス様は「しるしは与えられない」とおっしゃる。「わたしがここにいるからだ！」「わたしがここにいるからしるしは不要である。いや、むしろ、それはわたしとあなたとの直接的な関係を阻害する」とおっしゃっているのです。

もう一つ、イエス様が神の子であることのしるしが与えられない、重要な理由があります。それは、イエス様にご自分が神の子であることを示すしるしを行わせることがサタンの策略であったからです。イエス様が伝道を始められる前、サタンから誘惑をお受けになりますが、その中に次のようなものがありました。

また、悪魔はイエスをエルサレムに連れて行き、神殿の屋根の端に立たせて、こう言った。「あなたが神の子なら、ここから下に身を投げなさい。『神は、あなたのために御使いたちに命じて、あなたを守られる。彼らは、その両手にあなたをのせ、あなたの足が石に打ち当たらないようにする』と書いてあるから。」するとイエスは答えられた。『あなたの神である主を試みてはならない』と言われている。」（ルカ４：９〜12）

イエス様が宣教を始められる前にサタンが三つの誘惑でイエス様を試みたと福音書は語っています。ルカの福音書ではその三つ目が、「神殿の頂から身を投げよ。御使いたちがあなたを支えるから」でした。これは、この驚くべきしるしによってあなた自身が神の子であることを公に示せば良い、という意味です。「皆があなたを神の子と認めますよ。そうすると、あなたが行おうとしている神の国運動もうまく行くのではありませんか」と。

しかし、このことによって神の子としてのイエス様の実体が本当に指し示されるのか？　どうでしょうか？　ここで私たちが知らなければならない重要なことは、このようなしるしを見て、イエス様を神の子だと思うことについては信仰は必要ないということです。神殿の頂から身を投げて、御使いたちがイエス様の体を支えて、イエス様はゆっくりと地上に降りてくる。そういう驚くべきことを見て、仮にイエス様を神の子だと思ったとしても、そこに信仰は要らないのです。ただ驚けば良いのです。ヘブル人への手紙第11章に次のような言葉があります。「さて、信仰は、望んでいることの実体であり、目に見えないものを確信させるものです」（ヘブル11：1　脚注別訳による）。目に見えるものを見て驚くのに信仰は要らない。だからイエス様はサタンの提案を退けるのです。

では、「この時代は悪い時代です。しるしを求めますが、しるしは与えられません」とはどういうことか？　それは、信仰を不要とするようなしるしを求める時代は悪い時代であるということです。ですから、そのようなしるしは与えられないとイエス様は明言しておられるのです。

しかし、これは逆に言えば、信仰を必要とするしるしは与えられるということです。信仰によってのみ、しるしが実体を指し示していることが分かる、そのようなしるしは与えられるのです。これが、イエス様が言及しているヨナのしるしです。

　これよりも数百年前、神様から「アッシリア帝国のニネベに行って、『この国は滅びる！』と言え」と命じられて、そんなことはやりたくないと逃げた預言者ヨナの話です。詳しくお話しすると長くなるので、是非家に帰ってヨナ書を読んでいただきたいと思いますが、最終的にヨナは海に投げ込まれて、大魚に飲み込まれ、三日三晩大魚の中にいたのち、ニネベに打ち上げられます。瀕死の状態だったはずです。どんな格好だったと思いますか？　ほとんど土左衛門に近い格好だったと思います。ボロボロで臭くて、人が顔を背けるような状態だったに違いありません。しかし、そこでヨナが「ニネベは滅びる」と言った言葉を聞いたニネベの人たちは、天地を創造した神の言葉を聞いたのです。信仰によって天地を創造した神の声を聞いた。だから彼らは悔い改めたのです。

　また、イエス様がお生まれになった時、羊飼いたちは御使いから「布にくるまって飼い葉桶に寝ているみどり子をあなた方は見つける。それが主キリスト。あなたがたのための救い主だ」と言われた。まだ何もできない、泣くことしかできない、ただの赤ん坊です。そういう生まれたばかりの赤ん坊を見て、それが主キリスト、自分の救い主だと分かるためには、信仰が必要なのです。信仰だけがそれを可能とするのです。

人々が、「あなたが神の子であることのしるしを見せろ」と言うときのしるしは、何か驚くべきことです。信仰がなくても分かるようなものを見せろ、ということです。そういうようなしるしは与えられない。しかし、ヨナのしるしは信仰がなければ分からないものだった。これらは全く別物だということです。

そして続けられます。

「ヨナがニネベの人々のために、しるしとなったように、人の子がこの時代のために、しるしとなるからです。」(11：30)

イエス様が十字架にかけられる。それがこの時代のためのしるしだとおっしゃっている。信仰によってのみ分かるしるし、それが十字架なのだというのです。信仰なしに分かるしるしだけを求めても、それは与えられない。イエス様は、イエス様の言葉を聞く人たちが、自分たちに与えられているしるしを、信仰によって理解することができないことを嘆き、言われます。

「南の女王（シバの女王）が、さばきのときに、この時代の人々とともに立って、この時代の人々を罪ありとします。彼女はソロモンの知恵を聞くために地の果てから来たからです。しかし見なさい。ここにソロモンにまさるものがあります。ニネベの人々が、さばきのときに、この時代の人々とともに立って、この時代の人々を罪ありとします。ニネベの人々はヨナの説教で悔い改めたからです。しかし見なさい。ここにヨナにまさるものがあります。」（11：31〜32）

十字架と復活というしるしが与えられても、君たちは信じないだろう。信仰無しには、これは分からないからです。神の前にひれ伏さないだろう。ヨナの宣教によって神の前にひれ伏したニネベの人々が、君たちを裁くだろう。つまり彼らは信仰を持って受け止めた。しかし、あなたがたは信仰を持って受け止めることができない。ソロモンの知恵を聞くためにやって、神を誉め称えたシバの女王が君たちを裁くだろう。しかし、ここにヨナよりも、ソロモンよりも偉大な実体が存在する。偉大な実体、イエス・キリストが存在するではないか。

このように理解してくると、これに続けてイエス様が語られた言葉の意味がよく分かります。

「だれも、明かりをともして、それを穴蔵の中や升の下に置く者はいません。燭台の上に置きます。入って来た人たちに、その光が見えるようにするためです。」(11:33)

イエス・キリストが世の光としてここに立っている。実体としての光があるのだ。あなたがたはそれを見ることができている。光を指し示すしるしは無用なのである、とイエス様はおっしゃっているのです。

私たちはイエス・キリストを指し示すしるしを見たいからここに来たのではありません。イエス・キリストが救い主であることの証明を聞くためにここに来たのでもないのです。私たちは、イエス・キリストご自身に出会いたいからここに来たのです。世の光であるイエス・キリストご自身を見て、この方と出会いたい。そのために私たちはイエス様を求めて生きてきているのです。

「からだの明かりは目です。あなたの目が健やかなら全身も明るくなりますが、目が悪いと、からだも暗くなります。ですから、自分のうちの光が闇にならないように気をつけなさい。もし、あなたの全身が明るくて何の暗い部分もないなら、明かりがその輝きであなたを照らすときのように、全身が光に満ちたものとなります。」（11：34〜35）

私たちには普通目が二つあります。イエス様がここでおっしゃっているのは、この二つの目のことではありません。この箇所の「目」はギリシャ語では単数形で書かれています。肉体の眼ではないのです。心の目、霊の目を表すのです。

「あなたの一つの目が健やかなら」とありますが、「健やかなら」というのは原文では、「単一なら」という意味です。あなたは、心の目をいくつ持っていますか？　これも気になるし、あれも気になるし……。イエス様はおっしゃっています、「あなたは神と富の両方に仕えることはできない」（マタイ6：24）と。神を見る目、金を見る目、二つ持っているのか、一つだけなのか。

あなたの心の目が一つであるなら、その一つの目で何を見るのか。世の光であるイエス様を見るのです。あなたの目がイエス様を見つめているならば、そこからイエス様の光があなたの存在のすべてに行き渡ってあなたを照らす。このことを言っているのです。世の光であるキリストを見る、ただ一つのあなたの心の目は開かれていますか。開いていただきましたか。自分の力では開くことはできないこの心の一つの目は、イエス様が開いてくださるのです。

もし、あなたが今、心の中、自分の存在の中に光が満ちていないと感じているならば、イエス様に「この目を開いてください」と祈ろうではありませんか。諦めてはなりません。マタイの福音書に目の見えなかった人が、イエス様が振り向くまで諦めずに叫び続けたという記事が記録されています。

イエスは立ち止まり、彼らを呼んで言われた。「わたしに何をしてほしいのですか。」彼らは言った。「主よ、目を開けていただきたいのです。」イエスは深くあわれんで、彼らの目に触れられた。すると、すぐに彼らは見えるようになり、イエスについて行った。
（マタイ20：32〜34）

もし今、自分の心の目がイエス様の光を見つめていない、存在の中に暗闇があると感じるのであれば、ご一緒に叫びましょう。「イエス様、この目を開いてください！　通り過ぎないでください！　私の上に手を置いてください！　このただ一つの目があなたを見つめていることができるようにしてください！　あなたの光で、この存在全てを照らしてください、満たしてください！」と。

祈りましょう。

主イエス様。私たちが切に願うのは、あなたについてのしるしを見ることでも、聞くことでもありません。あなた自身に出会いたいのです。あなた自身の光によってこの存在の全てを照らしていただきたいのです。主様。どうぞ私たちの霊の目に、あなたの御手を置いてください。開いてください。あなたを見上げ、あなたの光をいつもこの存在の全てに満たされ続け、歩んでいくことができるように助けてください。天のお父様。今日もあなたの光を求めてやってきた一人ひとりの上に、あなたご自身が手を置いて癒やしてくださいますようにお願いいたします。イエス様の貴い御名によってお祈りします。アーメン。

（2022年12月11日）

内側から湧き上がるいのちに溢れよ（第11章37〜44節）

イエス様はいろいろな人に食事に招かれました。罪人と呼ばれた取税人に招かれたり、弟子であったマルタ、マリア姉妹の家に招かれたり、ハンセン病患者だったシモンの家に招かれたりしました。また、今日の箇所のようにパリサイ派律法学者の家に招かれもなさいました。どんな人からの招きも受けられた。イエス様は、招きを断ることはなかったことが分かります。それは、私たちがイエス様に「私のところにお出でください。私の心の中に入ってきてください」とお招きしたら、この心がどんなに罪で汚《けが》れていても、また高慢な思いがあっても、イエス様は招きに応えてくださる、誰一人拒絶なさることはないということを意味しています。

ところで皆さんは、食事に招かれたとき、招いてくれた人に対してどのような態度をとりますか？　その人に感謝し、礼儀を尽くして、共に楽しく過ごせるようにするのではないでしょうか？　わざわざ相手が気分を害するようなことを言ったり、礼儀に反することを行ったりはしないと思います。

ところが、イエス様は食事に招かれたとき、私たちが招いてくれた人に対して取る態度とは全く異なった態度をお取りになっています。招いてくれた人の気分を害することがないようにと私たちが行うような「配慮」というものをイエス様は全く考慮していらっしゃらないことが分かります。取税人など、罪人と呼ばれていた人たちに招かれたときは、彼らと大いに楽しく過ごされたようですが、パリサイ派律法学者に招かれたときは、非常に激しい言葉でその内面の罪をご指摘になる。聞き方によっては喧嘩を売っているようにも聞こえる。そんなことを言われることが分かっていたら、招かない方が良かったと思うようなことです。しかし、このことから、イエス様が誰一人拒絶なさらないということと、いわゆる「配慮」ということは別物だということが分かるのです。今日は、このことを詳しく学んでいきたいと思います。

このように言われています。


イエスが話し終えられると、一人のパリサイ人が、自分の家で食事をしていただきた

い、とお願いした。そこでイエスは家に入って、食卓に着かれた。（11：37）

「イエスが話し終えられると」とありますが、これは先週私たちが学んだところです。信仰を不要とするようなしるしは与えられない。私は世の光としてここに立っている。その世の光を見るあなたがたの目は開いているか、とイエス様はおっしゃったところです。その話を聞いて、一人のパリサイ人が感動し、食事の交わり、つまり最も親しい交わりをもちたいと願ってイエス様を招いたわけです。イエス様は、この人が自分と最も深い交わりをもちたいと願っていると分かって招かれていったのですから、喧嘩を売りたいと思って行ったのではないということを、まず押さえておく必要があるだろうと思います。

パリサイ人というのは、一般に職業を持ち、自分で収入を得ながら律法と預言者の書、またそれら以外の口伝律法をしっかり守り、その教育に熱心な人たちでありました。この教会で言えば私がパリサイ人のような存在です。私は、大学で教鞭を執って自分で収入を得ながら聖書を勉強して伝道しています。また、クリスチャン家庭に育ちましたが、若かったとき、聖書のとおり生きなければならないという思いが強かったため、クリスチャンの親しい友人から「パリサイ・エノク」と言われたこともありました。自分で仕事をして収入を得ながら聖書を学び、伝道している者たち、これはパリサイ人の範疇に入ると言って良いでしょう。イエス様もパリサイ人だったのです。その中でも、自分の全存在を神様に委ねて、自分自身に対しては非常に厳しく生きる「敬虔派」のパリサイ人だったと考えられています（S・サフライ著『キリスト教成立の背景としてのユダヤ教世界』カトリック聖書委員会、サンパウロ社、1995年、参照）。

しかし、パリサイ派の中には、神様がモーセを通して与えられた律法よりも人の言い伝えである口伝律法を重んじるパリサイ人たちもいました。イエス様は、それらのパリサイ人の欺瞞を鋭く指摘なさった。今日の箇所は、そのような場面です。

そのパリサイ人は、イエス様が食事の前に、まずきよめの洗いをなさらないのを見て驚いた。（11：38）

ユダヤ人たちは食事の前に清めの洗いと言われることを行なっていました。客が手を自分の目の前に上げると、主人や使用人が水差しに入れた水を注いでくれる。交互に二度三度と注いでもらう。これが食事の前の清めの洗いであった。ところが、これはモーセの律法による定めではなくて、律法以外の言い伝えの教えでした。この律法以外の教えを守ることが、パリサイ人たちが宗教熱心、信仰熱心であることの表れでもあったのです。なぜかと言うと、外出先で何か汚《けが》れた人や物に触って汚《けが》れてしまったかもしれない。汚《けが》れは移るというのがユダヤの人の考え方でしたから、同じ食事に手を伸ばす人たちに自分の汚《けが》れが移るかもしれない。そうすると申し訳ない。だから皆が手を洗って皆が清められてから安心して食事の交わりをするというのが、その趣旨だったのです。

つまり、これは他者に対する「配慮」だった。配慮ということは、私たちには非常によく分かります。すると、なぜイエス様がこのことを問題として取り上げたのだろうかと疑問が出てきます。今のようにコロナが流行っているとき、他者に対する配慮としてマスクをする、手指消毒を行うのは当然です。イエス様はなぜ食事の前のきよめの洗いをしなかったのだろうか？　イエス様は食事に招いてくれた人や一緒に食事をする人への配慮を軽んじたのでしょうか？

ひょっとしてイエス様は、人に対する配慮を全く行わず、我が物顔で傍若無人に振る舞うタイプの人だったのでしょうか？　ここだけ見ると、そういう感じがするかもしれません。

しかし、主イエス様には食事前のきよめの洗いをしない積極的な理由があったのです。それは、汚《けが》れとか清いという当時のユダヤ社会における概念、意味を知ることから分かっていきます。聖書において、「汚《けが》れ」とはいのちが欠乏した状態です。例えば、出血したり体液が体の外に漏れたりすると汚《けが》れた状態になると言われるのですが、それはいのちが外に流れ出たからだと考えるからです。大量に出血したりしていのちを失うと、死がもたらされるわけですけれども、死こそ最大の汚《けが》れである。死にはいのちがないからです。そして、この汚《けが》れは伝染する。レビ記では、汚《けが》れたものに触れると汚《けが》れる、それは罪となると規定されています（レビ記5章）。

それに対して、清さというのはいのちが満ちた、回復した状態を表す。汚《けが》れた状態から清い状態に回復するためには、汚《けが》れの種類により、動物のいのちを献げたり、水を浴びることによって清められなければならないと定められていました。これは、いのちの回復が行われたことに対するしるしとしてこのような儀式を執り行い、通常の社会生活に復帰するようにとの教えだったのです。

しかし、死者に触れて生き返らせたり、その手を取って引き起こしたり、あるいはハンセン病の患者に手を触れて、「わたしの心だ、清くなれ」と言って清めていた主イエスには、彼らを現実的に癒す力、現実的にいのちを満たして清める力がありました。ですから、しるしとしての儀式による清めはイエス様には必要なかったのです。むしろ、儀式による清めは、いのちの回復と満たしこそが私たちに必要であるということを覆い隠してしまうというお考えが、イエス様にはあったに違いありません。

またイエス様は、人を清い人と汚《けが》れた人に分類し分断する社会規範を打ち破って、すべての人にいのちを満たすために来られました。このことを、命を賭けて明らかにしていく、イエス様にはそのような強い意識がありました。ですから、ここで清めの洗いをなさらなかったということは、清い人と清くない人を分類する清めの儀式を否定なさったということなのです。しかも、これはもともと律法に記されているものではなく、対人的な配慮から発生した社会規範であって、神様が命じておられるものでもない。

ですから、イエス様はこのようにおっしゃっています。

「なるほど、あなたがたパリサイ人は、杯や皿の外側はきよめるが、その内側は強欲と邪悪で満ちています。愚かな者たち。外側を造られた方は、内側も造られたのではありませんか。とにかく、内にあるものを施しに用いなさい。そうすれば、見よ、あなた

がたにとって、すべてがきよいものとなります。」(11：39～41)

このパリサイ人は、外側から見える清さというものに非常に敏感であった。しかしイエス様は、外側の清さとか汚《けが》れということよりももっと本質的に重要なものがあるのではないかと、語っておられるのです。イエス様は、この人を裁いて喧嘩を売ろうとしているのではないのです。イエス様はこの人を愛して、この人に本当に大切なもの、必要なものは何かということを気付かせ、そしてそれを求める生き方に導こうとしておられる。

先ほど私は、自分はパリサイ人だと言いましたけれども、私は、ここでイエス様がこのパリサイ人に語られている言葉は、イエス様が私に語ってくださっている言葉だと、深く胸を貫かれる思いです。愛してくださっているから語ってくださっている。愛してくださっているからいのちを満たそうとしてくださっている。このようにこの言葉を見ていくときに、イエス様の深い愛が分かる。しかし、この深い愛を理解できなかったパリサイ人たちがいたということです。

内面が満たされていない。外面は偉い先生です。パリサイ人です。しかし内面は強欲と邪悪で満ちている。内面はいのちが欠乏している。神様のいのちが欠乏しているから、名誉欲、支配欲、物欲、性欲、そのようなもので自分を満たそうという思いによって汚《けが》れてしまっている。そうなのではないのか、とイエス様はおっしゃるのです。あなたの内側を清めてくださる人がいるよ。そちらのほうが大切なのではないのか、と教えておられるのです。

ここに面白い言葉があります。「とにかく、内にあるものを施しに用いなさい。」「内にあるもの」と言われています。持っている金などは内にあるものではなく、外にあるものでしょう。そうではなくて、内にあるものを施しに用いよ、とおっしゃっている。外に現れる行為ではなく、内にあるもの、外に見えない内面を人のために使え、とおっしゃっているのです。内側から湧き上がるいのちによって満たされよ、というのです。次のようにおっしゃっています。

「だが、わざわいだ、パリサイ人。おまえたちはミント、うん香、あらゆる野菜の十分の一を納めているが、正義と神への愛をおろそかにしている。十分の一もおろそかにしてはいけないが、これこそしなければならないことだ。」(11：42)

当時のパリサイ人たちは、献げ物、施しということでは、律法の定める十分の一以上をささげていました。律法がささげるように命じていないハーブの十分の一さえささげていた。つまり弱者の救済に熱心であった。ところがその熱心さが、正義と神への愛をおろそかにしていたとイエス様は指摘なさるのです。どういうことか？

献げ物をするときに、私の収入はこれだけある、だからその十分の一はささげなければならない。しかし、それにプラスアルファ、命じられていないところまでささげて社会的な弱者を支援している。だから私はＯＫ、これで大丈夫、と思ってしまう。そのような心、みなさんお分かりになりますか。私にはすごくよく分かります。牧師としての謝儀を受けずに、持ち出しで伝道し、貧困社会に生きる子どもたちが教育を受けられるように支援し、経済的に大変な状況にある人たちを支援している。それで自分がやるべきことはやっていると思ってしまう。だから、イエス様は私に言われるのです。「お前のその内側が清められることが、もっと必要じゃないのか」と。このお言葉が胸に染みます。胸に堪えます。みなさんはどうでしょうか。

山上の説教でイエス様はこのようにおっしゃいました。

「昔の人々に対して、『殺してはならない。人を殺す者はさばきを受けなければならない』と言われていたのを、あなたがたは聞いています。しかし、わたしはあなたがたに言います。兄弟に対して怒る者は、だれでもさばきを受けなければなりません。」

（マタイ5：21～22）

この「怒る」というのは、あいつがいるからものごとが上手くいかない。あいつがいなければ、もっと上手くいくのに、と思うことです。また言われました。

「『姦淫してはならない』と言われていたのを、あなたがたは聞いています。しかし、わたしはあなたがたに言います。情欲を抱いて女を見る者はだれでも、心の中ですでに姦淫を犯したのです。」（マタイ5：27）

「悪い考え、殺人、姦淫、淫らな行い、盗み、偽証、ののしりは、心から出て来るからです。これらのものが人を汚《けが》します。」（マタイ15：19～20）

もちろん、困っている人たちを助けたいという思いでやっているのです。人に褒められたくてやっているわけではありません。しかし、それをしないと、心が落ち着かなくなる。自分を悪い人間であると感じてしまう。つまり、自分の行為で自分を義としているのです。イエス様は、そのような私の心を見抜き、「お前は、そうなのではないのか。しかし、お前は自分の行為で自分を義とできるのか？　心の中には、人に対する怒りや淫らな思い、そういうものがあるではないか」と。イエス様は私に語りかけておられる。「そちらのほうに真の解決を求めるべきではないのか」と。

先ほども言いましたけれども、彼らは献げ物については律法以上のものをささげていた。それによって、「私は十分やっている」と思っていた。しかし、彼らの思い、心は何に向いていたのでしょうか。私の思いは何に向いているのでしょうか。あなたの思いは何に向いているのでしょうか。「意識が自分の正しい行為に向き、神から心が離れている。君たちはそれに気づいていないのではないか。自分が行っている正しい行い、それをいつも自分で見ているのではないのか。神様を見ていないのではないのか。神様の心を本当に大切にしていないのではないのか」と、イエス様はおっしゃっています。

これは、宗教的、信仰的に非常に立派な人、今の私たちの目から見ても非常に立派な人に対して言われた言葉でした。極悪非道の、人を搾取するような宗教家に対して言われたのではない。むしろ立派な人、そういう立派な人の行為に隠れた心の闇、イエス様はそこに光を照らしたいと願われたのです。

「わざわいだ、パリサイ人」（11：42）と言われました。この「わざわいだ」というのは、呪いではなくて悲しみ、嘆きの言葉です。こんなことでは滅んでしまう。災いが来るよ、とそういう意味です。

「おまえたちは会堂の上席や、広場であいさつされることが好きだ。わざわいだ。おまえたちは人目につかない墓のようで、人々は、その上を歩いても気がつかない。」（11：43〜44）

墓とは死体を葬るところ、死とは最大の汚《けが》れである。その最大の汚《けが》れを、他の人に伝染させている。どうして君たちは、そのことに気付かないのだ。心の中には、大きな、大きな穴が空いていて、いのちがそこから流れ出てしまっているではないか。神様は、その穴をふさぎ、そこからいのちの泉を湧き上がらせよう、神のいのちに君たちを満たそうとしていらっしゃるのだよ、とイエス様はおっしゃっている。厳しい言葉ですが、これを私に語りかけてくださっている。あなたに語りかけてくださっている。パリサイ人である私に、あなたに語りかけてくださっていると読むときに、イエス様の熱いお心が迫ってきます。内面からいのちに満ち溢れよ！内面から清められよ！と。内面から湧き上がる神のいのちを経験して生きよ、とイエス様はおっしゃってくださっています。招いてくださっているのです。

来週はクリスマス礼拝ですが、この季節、社会でも、苦労している方に寄付をするようにという呼びかけがありますね。それには力の限り、思い切り応えていかなくてはならないと思います。私もそうしたいと願っています。しかし、それをしたときに、それをすぐに忘れることができますように。それを心に覚えていたら、心に穴が空いてしまう。いのちが流れ出てしまう。むしろ、この貧しい心にやってきて、この穴を塞いでくださる方に、「主様、この心の中にいてください」と祈ることができますように。主は言われました。

「しかし、わたしが与える水を飲む人は、いつまでも決して渇くことがありません。わたしが与える水は、その人の内で泉となり、永遠のいのちへの水が湧き出ます」

（ヨハネ4：14）。

「だれでも渇いているなら、わたしのもとに来て飲みなさい。わたしを信じる者は、聖書が言っているとおり、その人の心の奥底から、生ける水の川が流れ出るようになります」（同7：37〜38）。

いのちが溢れるように湧き出して、私たちは汚《けが》れから清められ、いのちに溢れて清いものとして生きていくことができる。主が招いてくださっています。

お祈りをしましょう。

主様。あなたの、パリサイ人に対する厳しいお言葉、しかし愛に溢れたお言葉、このパリサイ人を、あなたはどれほど愛してくださっていたことでしょうか。パリサイ人と同じ心を持つ私たちに、あなたのこの言葉は本当に温かく、厳しいけれど温かく私たちの存在を貫きます。語ってくださったことを感謝します。主様。私たちの心の奥底には、大きな穴が空いていて、そこからいのちがどんどん流れ出てしまっています。私たちのその心の大きな穴をあなたが塞いでくださいさい。あなたがそこからいのちの泉を湧き上がらせてください。イエス様の尊い御名によってお祈りします。アーメン。

（2022年12月18日）

キリストは誰一人切り捨てない（第15章1〜10節）

私たちが「私の○○」と言うものには、失ってもあきらめがつくものと、決して諦めることができないものがあります。「私のバッグ」「私の車」「私の家」などは、失った場合、とても残念な気持ちになったり、あるいは、生活が大変になったりもしますが、再び手に入れたり、別のもので代用することができます。しかし、「私の○○」と言うものの中には、決して再び手に入れたり、他のもので代用したりすることができないものがあります。「私の手」「私の目」「私の子」「私の親」「私の妻」「私の夫」などは、一度失うと、決して他のもので代用することはできません。一度失われると再び手に入れることはできないのです。言語学では、前者を「分離可能所有」、後者を「分離不可能所有」と言って区別しますが、これらは文法的な特徴が異なることが知られています。「手」「目」「子」「親」「妻」「夫」などは、「私」の本質と強く結びつき、その一部であるため、分離させることができないのです。

聖書の中で、神様は私たちに「わたしは決してあなたを見放さず、あなたを見捨てない」（ヨシュア記1：5、ヘブル13：5）と約束してくださっていますが、これは、神様が私たち一人ひとりに「あなたはわたしの一部だ、わたしの本質と固く結びついたものだ」と語りかけてくださっているということです。

先日自衛隊のヘリコプターが墜落した事故がありました。まだ全員見つけられておらず、捜索が続けられていますね。なぜ続けるのですか？　もう命は助からないとわかっているのに、なぜ探し出そうとするのですか？　この事故で命を失われた方々の遺体を必死に探すのは、ご家族のところにお返しするためです。遺体が返ってこなければご家族にとってこの事故は終わらない。それは、亡くなった家族は自分の一部だからです。自分の存在の一部分が失われたままだからです。また、12年前の東日本大震災、まだご家族が見つかっていない方々がいらっしゃいます。その方々にとっては、震災は終わっていない。終わらないのです。なぜ横田早紀江さん、また亡くなった滋さんはめぐみさんが帰ってくるまで諦めないのですか？　それはめぐみさんが早紀江さん、滋さんの一部、本質の最も重要な部分だからです。

神様は私たちがどこにいても、罪の中に倒れていても、私たちを探し出してくださるお方。それは、神様にとって私たちがその本質の重要な部分だからです。

創世記の1章26節にこのようにあります。

神は仰せられた。「さあ、人をわれわれのかたちとして、われわれの似姿に造ろう。こうして彼らが、海の魚、空の鳥、家畜、地のすべてのもの、地の上を這うすべてのものを支配するようにしよう。」神は人をご自身のかたちとして創造された。神のかたちとして人を創造し、男と女に彼らを創造された。（創世記1：26～27）

ここで「かたち」とあるのは、イメージとか像という意味ですが、この「かたち」という言葉が次の箇所にも出てきます。

アダムは百三十年生きて、彼の似姿として、彼のかたちに男の子を生んだ。彼はその子をセツと名づけた。（創世記5：3）。

アダムは、カインとアベルという息子たちを生みますが、アベルはカインに殺され、カインはそのために親の元を離れなければならなくなります。アダムには、アベルとカインを失った後に「セツ」という子が生まれます。そのことについて、聖書は「アダムは彼の似姿として、彼のかたちに男の子を生んだ」と言っています。自分の子どもは自分のかたちであると、聖書は言っているのです。ですから、神様が人をご自分の似姿、自分のかたちとして造ってくださったということは、自分の子として造ってくださった、ということを意味するのです。

私たちにとって子どもは他のものと絶対に代用できない。どんなに出来が悪くても、出来が良いどこかの子どもと入れ替えることはできない。子どもは自分の一部。自分の本質を形作るものです。同じように、神様も人を造られたときに、ご自分のかたち、似姿、本質の一部として造ってくださった。だから、それがどんな人であっても、絶対に見捨てられることはないのです。

ルカの福音書の今日の箇所でこう言われています。

さて、取税人たちや罪人たちがみな、話を聞こうとしてイエスの近くにやって来た。すると、パリサイ人たち、律法学者たちが、「この人は罪人たちを受け入れて、一緒に

食事をしている」と文句を言った。（15：1～2）

取税人というのは、神の民イスラエルの敵であり、支配者であるローマ帝国に代わってイスラエルから税金を取り立てていたイスラエル人です。ローマのためにイスラエル人から金をむしり取っていた。そしてローマ帝国の権威を傘に、不当に多額の税金を取り、豪奢に暮らしていた。そのためイスラエルの人たちからは、悪魔に心を売った神の敵とされていました。

「罪人」と聞いて、皆さんはどういう人を思い浮かべますか？　今の日本では犯罪人を意味すると誤解する人もいるかもしれません。しかし、当時はそういう意味では使われていませんでした。「地の民」（アム・ハ・アレツ）と呼ばれていた人たちですが、他民族との混血や他宗教からの影響などを受け、律法を守らない者たち。社会的には最下層に位置付けられ、正統的ユダヤ人からは憎まれ、家畜以下の存在、神の敵とされていた人たち。パリサイ人、律法学者たちからは神の民イスラエルの範疇には入らないとされていた人たちが「罪人」と呼ばれていた人たちだったのです。

イエス様はそういう人たちを大切にされた、と聖書は言います。「『この人は罪人たちを受け入れて、一緒に食事をしている』と文句を言った」とあります。食事をするのは最も親しい交わりです。律法に反していると思われていた、聖書に反していると思われた人たちを大切になさったのです。

私たちはどうでしょうか。キリスト教会の中で人を区別するということが行われることはないでしょうか。聖書に従っている人たちだけを大切にするのがキリスト教会だったら、それはとても残念なことです。イエス様はその一人ひとりを招いて大切にしておられるのです。イエス様は、このことを譬え話でお語りになります。

「あなたがたのうちのだれかが羊を百匹持っていて、そのうちの一匹をなくしたら、その人は九十九匹を野に残して、いなくなった一匹を見つけるまで捜し歩かないでしょうか。見つけたら、喜んで羊を肩に担ぎ、家に戻って、友だちや近所の人たちを呼び集め、『一緒に喜んでください。いなくなった羊を見つけましたから』と言うでしょう。あなたがたに言います。それと同じように、一人の罪人が悔い改めるなら、悔い改める必要のない九十九人の正しい人のためよりも、大きな喜びが天にあるのです。」(15:3〜7)

どういう状況を思い浮かべますか？緑色の草が生えている広い牧草地、そして羊が水を飲む池がある、そのような情景を思い浮かべる方も多いのではないかと思います。私もオーストラリアにいた時、そのような情景をなんど度も見ました。しかし、当時のイスラエルでは、羊に草を食べさせるのは荒野でした。人が住む耕作地で羊を飼っていたら、羊が農作物を食べてしまう。だから人が住むところで羊を飼うことはできなかったのです。

現在もアブラハムの時代と変わらない羊飼いの生活をしているベドウィンの人たちがいます。地中海から荒野に吹いてくる湿った空気を含んだ水蒸気が、夜間石の下で結露し、そこから草が生えるそうです。羊たちは、それを食べている（口絵参照）。詩篇の作者は次のように歌いました。「主は私の羊飼い。私は乏しいことがありません。主は私を緑の牧場に伏させ憩いのみぎわに伴われます」（詩篇23篇）。この荒野の石の下に生える草が、ここで言う「緑の牧場」だというのです。羊飼いは湿った空気が吹いてくると、どこに草が生えるかが分かり、その丘に羊たちを導いていきます。

ところが羊は強度の近眼で、かつ頑固者で、羊飼いの言うことを聞かないらしいのです。目の前に草が見えると、それを食べる。また一歩先に草が見えるとそれを食べる、これを繰り返しているうちに、羊飼いを見失って迷子になるそうです。でも、目が悪いから、自分では草や水があるところを見つけられずに弱って死んでしまう。あるいは猛獣にやられる。迷った羊は死ぬしかありません。そういう羊のことをイエス様はおっしゃっているのです。

草しか見ていない。目の前のことしか見ていない。それは私たちのことではありませんか。イエス様を見ていれば良いけれど、目の前の利益とか、楽しみばかりを見て、イエス様を見失い、「あ、イエス様、どこだ？」となる。このように、私たちは迷子になる。

そういう羊を、イエス様は名前を呼んで探し出してくださるのです、一匹一匹の名前を呼んで探してくださる。「おーい、ひつじー」とは呼ばない。名前を呼んでくださると言います。ヨハネの福音書にこうあります。「門番は牧者のために門を開き、羊たちはその声を聞き分けます。牧者は自分の羊たちを、それぞれ名を呼んで連れ出します」（ヨハネ10：3）。それぞれの名を呼んでくださるのがイエス様です。見つけ出すまで探し続けてくださる。なぜなら、イエス様にとって私たちは欠くことのできない、本質の一部だからだと聖書は言っています。

さらに譬え話を続けられます。

「また、ドラクマ銀貨を十枚持っている女の人が、その一枚をなくしたら、明かりをつけ、家を掃いて、見つけるまで注意深く捜さないでしょうか。見つけたら、女友だちや近所の女たちを呼び集めて、『一緒に喜んでください。なくしたドラクマ銀貨を見つけましたから』と言うでしょう。あなたがたに言います。それと同じように、一人の罪人が悔い改めるなら、神の御使いたちの前には喜びがあるのです。」(15：8～10)

この1ドラクマは一日分の賃金ですから、今の日本だと、1万円から1万数千円というところでしょうか。しかし、一万円札を1枚なくして見つかったときに、どうしますか？「一万円札がみつかりました」と近所の人や友達に言いに行きますか？　多分言わないと思います。これは、単にお金をなくしたということではなかったのです。

10枚のドラクマ銀貨は10枚が1セットでした。夫が妻に結婚の結納金として、10枚のドラクマ銀貨をつないだものを首飾りや髪飾りとして贈っていた。これは、夫から妻への愛のしるし、自分がその夫の妻であることのしるしであった。そのうちの1枚がなくなるとは大変なことなのです。だから必死で探す。そして見つかったら「見つかったよ！」と友人や近所の人に伝えて、共に喜んでもらわないだろうかというのです。妻にとって夫は自分の本質の一部、最も重要なアイデンティティを構成するものです。その愛のしるし、決して失ってはならないものを彼女は見つけた、そう言っているのです。

ここでイエス様がおっしゃっている1匹の羊も、なくなった一つのドラクマ銀貨も、私たち一人ひとりを指しています。それは、神さまの本質を構成する重要なもので、決して失ってはならないものだと教えてくださっているのです。あなたがそれを失ったら見つけるまで探し続けるだろう。そうではないのか？　神様もあなたを探し続けていらっしゃると。

先ほど、一人ひとりの名前を呼ぶと言いましたが、イザヤ書40章26節にこうあります。「あなたがたは目を高く上げて、だれがこれらを創造したかを見よ。この方はその万象を数えて呼び出し、一つ一つ、その名をもって呼ばれる。この方は精力に満ち、その力は強い。一つも漏れるものはない。」万象とは、天の星です。星屑《ほしくず》と呼ばれる、名前も付けられないほどの小さな星たち。その一つ一つに名前を付け、呼んでくださる方がいる。この万象とは、私たちのことを言っているのです。名を呼ぶというのは、他のものとは区別された存在として特別の価値と意味を与えるということです。

私たちは、何かに名前をつける時、それに他のものとは区別された特別の価値を認めています。自分が名前をつけるもので最も重要なのは子どもです。決して他のものと一緒にすることはできない。特別の価値があります。それは、子どもは自分の一部、本質を構成するものだからです。他のものと絶対的に違うものとして、名を与えるのです。

名前をつける、名を呼ぶということについて、ある方からとても興味深い話を聞きました。その方がご家族、ご友人家族と一緒に栃木県にある自由学園所有の那須農場という牧場に遊びに行かれた。酪農牧場で、牛舎には30頭くらいの牛が飼われていたそうです。そして乳を出す牛たちには、それぞれ名前がつけられていた。牛たちも自分の名前を認識していたということです。牧場ですので、当然子牛も生まれる。ところが生まれてきた子牛の中には名前がつけられない子たちがいたと言うのです。酪農場なのでいつか乳牛となる雌の子牛たちには名前をつけ、そこで大切に育てます。しかし、雄の子牛たちはそこでは育てず、外に出す。そのため名前もつけないと言います。いずれ肉牛として屠られる運命にあるため、かわいそうで名前がつけられないのだと。名前をつける、名前で呼ぶということは、その子牛が生き続けることを前提としているということです。

これは、私たちにとっても同様です。神様が私たちを名で呼んでくださるのは、私たちが決して失われてはならない尊い存在であり、神様の前で生き続けることを前提としてくださっているからです。

ところが、人は人を分類名で呼びたがります。あの人は罪人だとか。クリスチャンは、「あの人はクリスチャン。あの人はノンクリスチャン」と簡単に言います。でもイエス様は、人を「おい、クリスチャン」「おい、ノンクリスチャン」と呼ぶことは絶対にない。「おい、罪人」と呼んだりすることはない。

私たちは人を分類名で呼んだり、レッテルを貼りたがる。私もそうです。皆そうだと思います。分類したり、レッテルを貼ったりすると簡単だからです。努力しなくて済むからです。その人のために一所懸命にならなくて済むのです。しかし、分類名で呼び、レッテルを貼るとき、その人の存在そのものは無視され、その人が生き続けるということを前提としない議論が行われ、それを聞かされるその人は絶望の中に落とされるのです。

現在キリスト教会を分断するのではないかと言われているLGBTQもそうです。「あの人は○○。だから△△。」分類名、属性でレッテルを貼って対応方法を考えようとしたりします。だが、そうする時、その特定の人が通ってきた人生の道、苦しみの道、悲しみの道が見えなくなってしまう。それがその人の存在を否定することにつながってしまうのです。

しかし、名前を呼ぶとき、私たちは、その人と自分の存在で関わることになります。私たちは人生において失敗することはあります。人は言うでしょう。「あの人は失敗者だ、落伍者だ、罪人だ」と。しかし、イエス様は誰一人に対してもそのように言われることはありません。名前で呼んでくださる。イエス様は、その存在の全てで関わってくださるのです。「あなたはかけがえのない者、決して失われてはならないものだ。神様はあなたを、その本質の一部として創造してくださった。だから決してあなたを見捨てることはない」と。神様は、あなたを、あなたの家族を、あなたの友を見捨てることは絶対にありません。

イザヤ書42章に次のように語られています。

見よ。わたしが支えるわたしのしもべ、わたしの心が喜ぶ、わたしの選んだ者。わたしは彼の上にわたしの霊を授け、彼は国々にさばきを行う。彼は叫ばず、言い争わず、通りでその声を聞かせない。傷んだ葦を折ることもなく、くすぶる灯芯を消すこともなく、真実をもってさばきを執り行う。衰えず、くじけることなく、ついには地にさばきを確立する。島々もそのおしえを待ち望む。（イザヤ書42：1〜4）

傷んだ葦というのは傷のついたパピルスのことです。当時地中海世界では籠はパピルスで作っていた。パピルスに傷が付いたり、虫に食われていたりすると売り物になりませんから、傷の付いたものを見つけると、良いパピルスと混ざらないように、折って捨てていた。「傷んだ葦を折ることもなく」というのは、人が捨てるものを神様は捨てないということです。なぜか？　神様は御手の中でそれを新たにすることが出来るからです。もう一度立たせることができるからです。癒やすことができる。命を与えることができるからです。

またくすぶる灯心は、煙がでているランプの燈心です。もう油が切れ、火が消えてしまっているそのようなランプに油を注ぎ、再び燈心を燃え立たせてくださる。人が傷物として捨てるもの、その一人ひとりの名を呼んでくださる。くすぶる灯心に向かって名を呼び、いのちを注いでもう一度用いてくださる方がいるのです。あなたは私の子だと。

皆さん、ご一緒に心に覚えていきたいと思います。私たちは人生の中で失敗することはあるでしょう。それによって自分はもうだめだと思うことがあるかもしれない。しかし神様はあなたを決して見捨てることはありません。名を呼んで、見つけ出して、再び立たせることができるのが、私たちの主イエス・キリストです。私たちもこの方の愛を受け、互いに励まし合い、互いの名を呼び合って、祈りながら進んでいきましょう。

お祈りをしましょう。

天のお父さま。

私たち一人ひとりの名を呼んでくださる天のお父さま。私たちは、あなたの声を聞きたくて、ここに集まってきました。呼んでください。呼んでくださるあなたの声をいつもたましいの奥底に聞かせてください。私たちもあなたが愛してくださったように、レッテルを貼らず、互いの名を呼び合い、真実に愛し合うことができるように導いてください。用いてください。主イエス様。あなたの、誰一人切り捨てることのない愛を、私たちの愛とさせてください。満たしてください。イエス様の御名によっておささげします。アーメン。

（2023年5月7日）

完全でなくなるほど愛する神（第15章11〜24節）

皆さんは、誰かに「神とは何か、どのような存在か」と質問されたら、どのように答えるでしょうか。いろいろなキリスト教会のホームページを見ると、「神とは」という説明の中で「全知・全能・偏在」という説明が出てきます。聖書の指し示す神は、日本人が「神」という言葉で思い浮かべる八百万の神、多神教の神とは異なるもので、ただ一人の創造者であるということの説明の一部として出てくるものです。それは、神はただ一人完全な存在という意味でもあります。イエス様も、山上の説教の中で「天の父が完全であられるようにあなたがたも完全であれ」（マタイ5：48）とお教えになり、完全である父なる神様を指し示しておられます。しかし、もう一方で、完全である神様が完全でなくなったということも聖書は語るのです。それはどのようなことでしょうか。何故、完全な神様が完全でなくなってしまうのでしょうか。それは、神様が愛する子どもを失ったからです。

今日の箇所は先週からの続きです。先週は99匹の羊を野に残して、いなくなった1匹を見つけ出しに探しに行くという譬え話と、夫から結婚の証としてもらった10ドラクマのうちの一つをなくした人が必死でそれを探し出すという譬え話でした。今日の放蕩息子の譬え話は、これら一連の譬え話の最後を飾るものですが、ここに息子を失った父なる神様の悲しみ、見つけ出すまで諦めない神様のお心が強く表されています。

先週も学びましたが、神様は人をご自身の似姿に、そのかたちに作られたと聖書は言います。これは、神様が人をご自分の子として創造したということを意味します。子は親の本質の一部です。神様は私たち一人ひとりをご自分の子として創造し、本質の一部としてくださっている。だから私たちがもし失われることがあれば、それは神様にとって一大事なのです。

聖書は語ります。完全な神様が自分の子を失ったと。神様の存在は引き裂かれて完全でいられなくなった。神様ご自身が自分の子を取り戻し、子と一つになり、もう一度完全になることを求めていらっしゃるのだと。

私たちが自分の子を、妻を、夫を失ったときに、自分が完全でいられないのと同じです。なぜ、横田早紀江さんは諦めないのか。滋さんは諦めなかったのか。めぐみさんを奪われ、存在が引き裂かれているからです。数十年前にお子さんを亡くした方、殺人者に殺されてしまった方が、何十年経っても涙を流して語られる姿をテレビで観ました。子、妻、夫が自分の本質、一部だからです。存在が真ん中から引き裂かれていて、完全ではあり得ない。再び完全になることを求めているのです。親がそのような心を持っているのは、父なる神様がそのような愛を持っているからです。完全な愛は、愛する者を失うときに完全でなくなる。そのような愛を、人は神様から受け継いでいるのです。

ですから、イエス様は何度も語られるのです。神様はあなたを探し求めていらっしゃる。決して見捨てることはない。諦めることはない。誰一人切り捨てられることはない。あなたは、神様にとって他の人では絶対に代用がきかない。唯一無二の存在なのだと。

イエス様は、この放蕩息子の譬えで次のように語り始められました。

「ある人に二人の息子がいた。弟のほうが父に、『お父さん、財産のうち私がいただく分を下さい』と言った。それで、父は財産を二人に分けてやった。それから何日もしないうちに、弟息子は、すべてのものをまとめて遠い国に旅立った。そして、そこで放蕩して、財産を湯水のように使ってしまった。」（15：11〜13）

イエス・キリストの譬え話は象徴の世界ですから、具体的にそれを自分のものとして受け取るためには、鍵となることばを理解する必要があります。例えば、ここで言われている「財産」とは何でしょうか。「神様からそんな莫大なお金をもらった記憶は無いし」と皆さん思いませんか？　放蕩息子は、後で豚を飼うことになりますが、何故「豚」がそんなに悪いのか。帰ってきた息子を見つけ出した父親は、首を抱いてキスをしたとありますが、「首を抱く」とはどういうことか。そのような一つ一つの言葉の意味を確認していきながら、放蕩息子は私のことだった、と思っていただければ良いなと思います。

まず「財産」です。おかしいとは思いませんか？　弟が「お父さん、私がもらうべき分をください」と言ったら、弟だけにやれば良いではありませんか。なぜ兄にも分けてやったのですか。弟だけに生前贈与すれば良かった。これは何を意味しているのでしょうか。創世記2章7節に次のように言われています。「神である主は、その大地のちりで人を形造り、その鼻にいのちの息を吹き込まれた。それで人は生きるものとなった。」神が一人ひとりに分け与えてくださっている財産とは、神のいのちの息なのです。神のいのちの息を弟にも兄にも与えられたということです。ですから、弟が父のいない遠いところに行って、財産を放蕩に湯水のように使って使い果たしてしまったというのは、神様のいのちの息を失ってしまったということを意味します。神様のいない所に行って、いのちの息を失ってしまった。

遠い国とはどこでしょうか。私たちが今生きている、ここです。ここで私たちは神様を知らずに生きている、神様に向かって天のお父さまと呼ばずに生きているうちに、いのちの息をすっかり失ってしまった。そして互いに傷つけあい、そねみ合い、強い者が弱い者を踏みにじる。そういうことをしている。体も心も死んで枯れ果てた状態になっている。最初、いのちの息が残っている間は、弟を見た人は、「この人、神の子なんだな」と思うかもしれない。しかし、神のいのちの息を全部なくしてしまったとき、神の子の姿は見る影もなくなってしまったということです。

「何もかも使い果たした後、その地方全体に激しい飢饉が起こり、彼は食べることにも困り始めた。それで、その地方に住むある人のところに身を寄せたところ、その人は彼を畑に送って、豚の世話をさせた。」（15：14〜15）

豚は、聖書の中では穢れた動物で、食べるのはおろか触れることもしません。以前長崎に住んでいたときに、ユダヤ教のラビが訪ねてきました。豚肉を食べないだけではありません。豚肉を載せた皿さえ使わない。豚を汚《けが》れた動物とすることについては、いろいろな説があります。一説によると、当時中近東の偶像の神殿では豚肉のシチューが振る舞われていたそうです。それがすごく旨くて、それが食べたくて、偶像の神殿に行っていた男たちがたくさんいた。偶像の神殿とは、当時の中近東の偶像崇拝が行われていた場ですが、それは悪魔崇拝だったのです。偶像の神殿では性奴隷とされた女性たちを対象にした性的な乱交行為が行われ、また、自分の子どもを焼き殺して悪魔にささげるようなことが行なわれていた。これが古代パレスチナの偶像崇拝だった。これは我々が偶像崇拝という言葉で思い浮かべるものとはかなり違うのです。とんでもない悪魔崇拝が行われていた。神様はこれを絶対にお許しにならない。それが聖書における偶像崇拝の禁止です。

ですから、豚の世話をさせられたというのは、悪魔崇拝に加担させられる生活をしていたということです。積極的に関わろうと思ったわけではないけれど、気付いたらそのようなところに落ち込んでいた。それが放蕩息子、私たち一人ひとりではないのか、とイエス様は言われるのです。

「彼は、豚が食べているいなご豆で腹を満たしたいほどだったが、だれも彼に与えてはくれなかった。しかし、彼は我に返って言った。『父のところには、パンのあり余っている雇い人が、なんと大勢いることか。それなのに、私はここで飢え死にしようとしている。立って、父のところに行こう。そしてこう言おう。「お父さん。私は天に対して罪を犯し、あなたの前に罪ある者です。もう、息子と呼ばれる資格はありません。雇い人の一人にしてください。」』」（15：16～19）。

全てを失ったときに、自分が神の子であることを思いだしたというのです。父なる神様のところにはいのちが溢れている。しかし、自分はもう神の子ではあり得ない。そこに深い内的な分裂、存在の分裂がありました。父のところには命が溢れているけれども、私はこの父の子、神の子ではあり得ない。

私はキリスト伝道者の子どもとして生まれ、小さい時から伝道的な生き方をしたいと思って生きてきました。しかし大学生の時に、当時属していたキリスト教グループの混乱の中で深く傷ついて、信仰を捨てました。私は毎晩のように悪夢を見るようになって、夜眠れなくなりました。夜の長い時間酒を飲みながら過ごし、明るくなりかけた頃に眠るという生活をするうちに、心も体も病んでいきました。ついに、大学の保健センターからレントゲン検査の結果胸に影があるとの連絡があるほど、健康を害してしまいました。

私は、そんな中で、後に妻となってくれる横山あずささんから手紙をもらいました。「あなたは最近とても苦しんでいますね。あなたはいろいろ難しいことを言っていました。〇〇哲学、〇〇主義とか。でもそれは違うと思う。あなたは人が持っていない能力を持っているかもしれない。人が知らない知識を持っているかもしれない。でも、もし神が愛であるなら、どうしてあなたは、その神様の愛に信頼して生きようとしないのですか。あなたのために祈っています」と書いてありました。

私はあずささんの手紙を覚えてしまうまで何度も読みました。そして、父なる神様のところに帰らなければならないと思った。しかし、帰れないのです。一度信仰を捨ててしまった。帰りたいけれど、どこに行けば神様に出会えるかわからない。礼拝には戻った。だけどどうしたら神様のところに戻れるのかわからなかった。存在が分裂している。自分が神の子として創造されたのはわかっていた。しかし、もう神の子ではあり得ない。すっかり天のお父様を否定してしまった。この方がいないところで生きようとした。この方がいないところで死のうとした。しかし、心も体も苦しかったので、「もう神の子と呼ばれる資格はないけれど、なんとか生きさせてほしい」と思った放蕩息子の気持ちがよくわかります。

「こうして彼は立ち上がって、自分の父のもとへ向かった。ところが、まだ家までは遠かったのに、父親は彼を見つけて、かわいそうに思い、駆け寄って彼の首を抱き、口づけした。息子は父に言った。『お父さん。私は天に対して罪を犯し、あなたの前に罪ある者です。もう、息子と呼ばれる資格はありません。』」（15：20～21）

父なる神様は、天の玉座を離れて、自分の子どもを捜し歩いておられたのです。そして、キリストとして来られました。私たちは自分で父なる神様のところに戻ることができないからです。

私もどうしたら父なる神様のところに戻れるのか、本当に分からなかった。礼拝には行くようになった。だけどわからなかった。そんな時、大学4年生の夏でしたが、39度近い熱がありましたが、水上《みなかみ》温泉でもたれた大きな集会に私は行きました。そこで高橋恒男先生という伝道者が、私の上に手を置いて一言祈ってくれた。「天のお父さま。この兄弟を、その名前のように導いてください。」そのときに私は圧倒的な聖霊を受けました。神様が自分の中にいるのか、自分の中に神様がいるのかわからないような、強く神様と一体とされている状態が数十分続きました。分裂していた自我が一つにされ、「俺はエノクだ！　生涯神と共に歩んだ者だ！」と叫んでいました。その時、体の細胞の一つ一つがイエス様の十字架の血によって清められて新しくされていく、細胞が生き返っていくという不思議な体験をさせていただきました。私は神様から離れたあと病気になって胸に二つ病気の影がありましたけれど、その二つの影がその場で消えてなくなったことが分かりました。

自分で父なる神様のところに帰ったのではないのです。父なる神様が来てくださったのです。そして、心だけではない。この体に聖霊を注いでくださった。イエス様の十字架の血を注いでくださった。「神の子イエスの血はすべての罪から我らをきよめる」（Ⅰヨハネ1：7）という聖書の言葉が、私の存在の中で、轟く声として響き渡り、私はお腹の底から喜びに満ち溢れた。自分はイエス様と共に歩む者とされているということを本当に知ることができたのです。

「父親は彼を見つけて、かわいそうに思い、駆け寄って彼の首を抱き」（15：20）とあります。首を抱くというのは、一つであるということです。オリンピックでペアの選手が金メダルを取ったら、ふたりで抱き合うではありませんか。一つなのです。一つであることを喜んでいるのです。悲しみを共有するときも抱き合って泣きます。一つとなって悲しんでいるのです。だから、父が首を抱いた、というのは、父が息子に「わたしとお前は一つだ」と言っているのです。「わたしのいのちとお前のいのちは一つだ」と。父がそのいのちを、いのちを失った息子に与えたということです。

「抱く」と翻訳されているギリシャ語の言葉は、「聖霊が降る」の「降る」、「恐れが誰かを捉える」の「捉える」、「人の体の上に自分の体を重ね、いのちを与える」と訳されている言葉と同じです。パウロのトロアスでの最後の説教が続き、夜中に至ったとき、一人の青年が居眠りをして3階から落ちて死んでしまいましたが、そのときにパウロが青年に自分を重ねていのちを与えたとありますが、それと同じ言葉なのです。首を抱いたとは、いのちを与えたということなのです。父なる神様が、息子に語っている。「お前とわたしは一つだ。一つのいのちだ。お前はわたしの本質の一部だ」と。

弟は、帰ってくるとき、「雇い人の一人にしてください」という言葉を練習していました。しかし、ここで彼はそれが言えなくなってしまいました。お父さんと再会したときには言えなくなったのはなぜか。父のいのちと愛に満たされたからです。分裂していた自我が一つになった。父の息子と呼ばれる資格はないが、この方の息子であることを否定できなくなった。だから言えなくなったのです。「お父さん、私はあなたの息子と呼ばれる資格はない。だけど、お父さん、私はあなたの息子です！」

「ところが父親は、しもべたちに言った。『急いで一番良い衣を持って来て、この子に着せなさい。手に指輪をはめ、足に履き物をはかせなさい。そして肥えた子牛を引いて来て屠りなさい。食べて祝おう。この息子は、死んでいたのに生き返り、いなくなっていたのに見つかったのだから』。こうして彼らは祝宴を始めた。」（15：22〜24）

「一番良い服を持ってきてこの子に着せなさい」とあります。一番良い服は、跡取りに着せるものです。お兄さん、どうしますかね。皆さん、心配になりませんか？でも、心配しなくて大丈夫です。『ナルニア国物語』を知っていますか？イエス様のことを語った物語、ファンタジーです。イエス様を表すライオンのアスランが白い魔女を倒したのち、４人の子どもたち、ピーター、エドモンド、スーザン、ルーシーは皆、王冠をもらいます。皆が王様になる。「キング・ピーター！」「キング・エドモンド！」「クイーン・スーザン！」「クイーン・ルーシー！」と呼ばれる。皆が最上の服を着せてもらえる。王冠をいただけるのです。指輪は権威を表し、履き物は名誉の回復を表しします。そして、子牛を屠るとは、罪の贖いと和解の宴を表します。

あなたが一人失われたら神様は完全でいられない。完全である神が半身をもぎ取られた苦しみを感じておられる。神様は、その半身を取り戻すために行動を起こされ、イエス様としてやってこられたのです。あなたを見つけ出し、いのちを注ぎ、あなたと一つとなるために。あなたの神の子としての実存を回復させるためです。父なる神様が御子イエス様を甦らせた理由もここにあります。イエス様を甦らせなければ父なる神様は完全でいられない。また、私たち一人ひとりを甦らせなければ、神様は完全でいられない。私たちを甦らせて、私たちと一つとなるまで、神様は愛のゆえに完全でいられない。だから全ての人を甦らせてくださるのです。

私たちは、神様からいただいたいのちの息を失うことがある。罪を犯したときも、人から傷つけられたときもそうです。深く傷つけられて祈れなくなる。何年も祈れなくなることがあります。そんな私たちを、探し出してくださる神様がいるのです。私たちがうずくまったまま、「神様、天のお父さま」と呼びかけることができないままでは、神様は完全でいられないからです。私たち一人ひとりを必ず見つけ出して、いのちを注いで、全身全霊で「天のお父さま」と呼びかけることができるまで、「私はあなたの子どもです」と言うことができるまで、必ず導いてくださる神様がいるのです。

お祈りをしましょう。

天のお父さま。再び、あなたに向かって、天のお父さまと呼びかけることができるようにしてくださったことを感謝いたします。私たちは、あなたのいのちをいただき、あなたの御霊を注がれ、今私たちはあなたの子どもです。あなたの子どもと呼ばれる資格はない者ですけれど、しかし、天のお父さま、私たちはあなたの子どもです。いのちを注いでくださったこと、赦してくださったことを感謝します。私たちもあなたの愛を受けて、隣人を大切にできるように助けてください。彼らと一緒にあなたのところに戻ることができますよう、用いてください。今日、いのちが渇いている一人ひとり、天のお父さまと言えなくなっている一人ひとりに、あなたがいのちを注いでくださいますようお願いいたします。イエス様の御名によってお祈りします。アーメン

（2023年5月14日）

わたしのものは全部あなたのもの（第15章25〜32節）

神様のものは全部あなたのもの、と言われたら、どう思いますか？　現実的に、「違うよ」と思っている人は多いと思いますが、あなたはどう思われますか？　先ほどメソジスト運動を立ち上げたジョン・ウェスレーの弟であるチャールズ・ウェスレーが作った賛美を歌いました。その元々の英語の歌詞に、「その王冠を自分のものとして要求する」という内容があります。その内容をはっきりと日本語に訳し、「イエスのすべて我にあり」「いざ王座に着かん」と私たちの教会では歌っています。王座、王冠を自分のものとして受け取るという内容です。自分が神の王子、王女であるという自覚を、お一人おひとりは、どの程度持っていらっしゃるでしょうか？

笑っていただいて良いのですが、私は若いとき、妻のことを「あずさ」と呼び捨てで呼んでいました。しかし、随分前から、「あずささん」と呼ぶようになりました。それは私の妻は私の王の娘、王女様だからです。10年ほど前になりますが、「あ、そうだ。この方は、私の王が王のしもべである私にくださった王の娘、王女様だ」と分かったときから、呼び捨てにできなくなりました。そのように導かれたことを感謝しています。お互いがお互いに対してそのような思いを持つことができるようになれば、何と素晴らしいことだろうかと思います。

今日は、そのことを念頭におきながら、放蕩息子の兄に焦点を当てて聖書を読んでいきたいと思います。

「ところで、兄息子は畑にいたが、帰って来て家に近づくと、音楽や踊りの音が聞こえてきた。それで、しもべの一人を呼んで、これはいったい何事かと尋ねた。しもべは彼に言った。『あなたのご兄弟がお帰りになりました。無事な姿でお迎えしたので、お父様が、肥えた子牛を屠られたのです。』すると兄は怒って、家に入ろうともしなかった。それで、父が出て来て彼をなだめた。しかし、兄は父に答えた。『ご覧ください。長年の間、私はお父さんにお仕えし、あなたの戒めを破ったことは一度もありません。その私には、友だちと楽しむようにと、子やぎ一匹下さったこともありません。それなのに、遊女と一緒にお父さんの財産を食いつぶした息子が帰って来ると、そんな息子のために肥えた子牛を屠られるとは。』父は彼に言った。『子よ、おまえはいつも私と一緒にいる。私のものは全部おまえのものだ。だが、おまえの弟は死んでいたのに生き返り、いなくなっていたのに見つかったのだから、喜び祝うのは当然ではないか。』」（15：25～32）

父なる神様は、放蕩息子の兄に対して、「私のものは全部おまえのものだ」とおっしゃいましたが、これを理解する鍵は、この譬え話が語られた場面がどのようなものだったかを知るところにあります。それは以下の場面でした。「さて、取税人たちや罪人たちがみな、話を聞こうとしてイエスの近くにやって来た。すると、パリサイ人たち、律法学者たちが、『この人は罪人たちを受け入れて、一緒に食事をしている』と文句を言った」（15：1～2）。イエス様はこの非難の言葉に対して三つの譬え話をなさるのですが、放蕩息子の譬え話は、その結論とも言うべきもので、その最後にパリサイ人たち、律法学者たちに向かって放蕩息子の兄の話をなさいました。

イエス様が一緒に食事をするのを楽しまれた取税人とは、神の民イスラエルの敵であり、支配者であるローマに代わってイスラエルから税金を取り立てていたイスラエル人です。ローマ帝国の権威を傘に、不当に多額の税金を取り、豪奢に暮らしていた、悪魔に心を売った神の敵とされていた人たちです。また罪人というのは、「地の民」(アム・ハ・アレッツ)と言われた人たちで、他民族との混血や他宗教からの影響などを受け、律法を守らない者たちだった。社会的には最下層に置かれ、正統的ユダヤ人からは憎まれ、家畜以下の存在、神の敵とされていた。絶対に神の祝福を受けることのできない人たちとされていたのが、「罪人」です。ですから、パリサイ人、律法学者たちからは神の民イスラエルの範疇には入らないとされていた。そういう人たちをイエス様は受け入れて、一緒に食事をし、最も親しい交わりをしていらっしゃった。イエス様はイスラエルの人たちから嫌われ、差別されて、人として見なされていなかった一人ひとりを大切になさったのです。それに対して文句を言ったのが、パリサイ人や律法学者だった。その場面が続いているのです。

皆さん、放蕩息子だけが救われれば良いですか?　放蕩息子だけが神様に喜ばれるのでしょうか?　次のように言われることがあります。聖書には神に喜ばれる人と喜ばれない人の二種類がいて、その対立を理解しないと聖書は分からない、と。カインとアベル、エサウとヤコブ、放蕩息子とその兄。祝福のゲリジム山と呪いのエバル山。神に選ばれた者とそうでない者。救われる者と滅ぼされる者。このように対立的に捉えて、自分がどちらにつくか選ばなければならないと。確かに、そのように読めるところもあります。しかし、それだけがただ一つの解釈、ただ一つの答えなのか？　別の読み方もあると聖書は言っているように私には思えます。

少なくともイエス様は、「神様には二人の息子がいた」と言っているのです。両方とも息子だと。自分の子どもが失われたら、親は完全ではいられません。再び完全になることを求めているのです。イエス様は、「あなた方の天の父が完全であるように、あなたがたも完全であれ」（マタイ5：48）とお教えになり、神様は完全な方だとおっしゃいました。しかし、それは、自分の子どもを失ったら完全でいられなくなることも含めての「完全」なのです。自分の子どもが失われて平気でいられる親、そのような親が完全であることなどあり得ません。神様は愛する子を失っては完全でいられない。だから神様は完全なのです。完全でなくなるほどご自分の子どもを愛される方、それが神様です。私たちの天のお父様です。

ご自分のところからいなくなった人を、「お前はどこにいるのか」と探し求め続けるのが神様である。いなくなっていた息子を見つけると、抱きしめて神の子の実存を回復させ、名誉と権威を回復させ、罪の贖いと和解の宴のために、肥えた子牛を屠りました。これがあなた方の天の父だとイエス様は父なる神様を紹介していらっしゃるのです。

さらに、弟の帰還と神様の喜びに対して怒りを燃やすお兄さんがいると譬え話を続けられます。私はクリスチャン家庭に育ったのですが、弟がいます。私はいわゆる「良い子」だったのですが、この弟は悪いのです。乱暴者で、人の気持ちなどどうでも良いと思っている。不良ギリギリの生活態度を親に叱られると、徹底的に反抗する。兄弟仲もとても悪かった。ところが、そんな弟が通っていた中学校で小さなリバイバルが起きた。そして、彼は礼拝や大きな集会などの証の場でよく用いられました。それを聞いている私は、とてもイライラするわけです。こんな奴が用いられることなどあり得ない。伝道者の先生たちもこいつの本性を知らないだけだと。一方の私は、礼拝だけでなく、そのほかの集会も全て出席し、礼拝前には会場の周りを掃除したり、説教の録音をしたり、礼拝のために自分ができることを何の疑いもなく一所懸命に行っていました。ところが、そんなことは誰かから褒められることでもないし、目立つところで行われているわけでもない。私は、自分のことを放蕩息子の兄だと思っていました。つまり、この兄の気持ちがよく分かるのです。

イエス様は兄の気持ちを次のように語っておられます。「ご覧ください。長年の間、私はお父さんにお仕えし、あなたの戒めを破ったことは一度もありません。その私には、友だちと楽しむようにと、子やぎ一匹下さったこともありません。それなのに、遊女と一緒にお父さんの財産を食いつぶした息子が帰って来ると、そんな息子のために肥えた子牛を屠られるとは」（15：25～30）と。

兄は怒りに燃えていますね。ここで、「私はあなたに仕え」と言っています。「あなたに奴隷のように仕えてきた」「私はあなたの戒めを破ったこともない」「私は完璧だ」と。神に奴隷として仕え、戒めも守っている。これはパリサイ人の主張です。「ところがあなたは私を認めず、楽しむことさえ許さない。そんなこと、あり得ないです」というようなことを言ったのです。

『新改訳聖書２０１７』では30節を「それなのに、遊女と一緒にお父さんの財産を食いつぶした息子が帰って来ると」と訳していますが、原文では「あなたの息子が」となっています。「あなたの」が入っているのです。どうですか？「あなたの息子が帰ってきたら」と言われたら、親は悲しくありませんか？「あなたが悪い」と父親に言っているのです。「あなたが甘やかすからこういうことになる。俺は真面目にやっているのに」と。

さらにここで「私には、友だちと楽しむようにと、子やぎ一匹下さったこともありません」と言っています。父が肥えた子牛を屠ったのは、弟の罪の贖いのためでした。それが第一の目的です。そして、その後に肉を一緒に食べて楽しもう、と神様との和解の宴を設けてくださったものです。ところが、この兄は自分には罪の贖いは必要ないと思っているのです。子やぎは「友だちと楽しむためだけのもの」とこの人は思っている。父との関係が壊れていて、その回復が必要だとは、この兄は自覚していないわけです。

そんな兄を父なる神様は、どのように思っていらっしゃるか。「あなたの息子に」と言われたら、親としては相当頭にきますよね。しかし、父なる神様はそうではない。「父が出てきて、彼をなだめた」とあります。ギリシャ語原文では「彼の父が」と書かれています。神様はパリサイ人・律法学者の父だと、イエス様はおっしゃっているのです。「出てきた」のはどこからか。今、弟が帰ってきた喜びの宴の真っ盛りで、その宴から出てきたというのです。「おまえも大事なのだよ。喜びの宴で楽しむよりも、おまえのことがもっと大切だよ」と、父なる神様は兄に行動で示しているのです。パリサイ人・律法学者のところに、喜びの宴を離れてやって来てくださる父なる神様がいる。

「なだめる」と訳されている言葉は、ギリシャ語では「パラカレオー」という言葉が使われている。これは「傍らに呼ぶ」という意味で、聖霊の別名、「慰め主、パラクレートス」

の元となった言葉です。イエス様は十字架にかかる前に弟子たちにお約束になりました。「わたしがいなくなったら慰め主を送る」と。「父が息子をなだめた。彼の傍にやってきて彼に語りかけた。」聖霊としてやってきてくださって、彼に親しく語りかけられる。聖霊として、パリサイ人・律法学者のところにもやって来られるのだ、とイエス様は語っておられるのです。

「父は彼に言った。『子よ、おまえはいつも私と一緒にいる。私のものは全部おまえのものだ』(15：31)。「わたしと一緒にいることがお前の喜びではないのか。それがお前の全てではないのか」と語りかけておられます。一所懸命仕えている。神様のために一所懸命に働いている。それを認められていないとパリサイ人たちは思っていた。しかし、「わたしと一緒にいることがお前の喜びではないのか？」「わたしはお前がわたしと一緒にいることを喜んでいるぞ！それを知ってほしい！」と語りかけておられるのです。

すぐそばにいるのに失われている兄。すぐそばにいるのに離れてしまっている。ここに父なる神様の悲しみがあります。この兄をも決して見捨てない神様の思いが、この言葉に凝縮されているのです。

「私のものは全部おまえのものだ」とおっしゃった。「お前のための贖罪の献げ物も、お前のための和解の献げ物も、わたしは用意して待っているよ。弟に最上の着物を作って待っていたように、お前のための最上の着物を作っておまえに着せようと準備してお前を待っているよ。お前のための指輪、お前のための履物、お前のために全てを備え、いつでもお前がそれを受け取ることができるように備えている。いつでも求めなさい。わたしはお前にそれを与える。お前にわたしの喜びを満たす」と。

このパリサイ人たちも、失われたままでは神様は完全でいられない。このパリサイ人たちも神の似姿、神のかたちに作られた、神の子どもです。神の愛の対象であるのです。

さらに言われます。「だが、おまえの弟は死んでいたのに生き返り、いなくなっていたのに見つかったのだから、喜び祝うのは当然ではないか」(15:32)。「この子は、この子は『遊女と一緒にお父さんの財産を食いつぶしたあなたの息子』ではない、『お前の弟』だ。同じわたしのいのちを宿すものだ」と。

ところで皆さん、この二人は和解したのでしょうか？　やはり、最後にこの問いは避けては通れないと思います。このパリサイ人、律法学者たちと罪人と言われる人たちは、イエス様の譬えを聞いて和解したでしょうか。パリサイ人、律法学者たちは、罪人と言われる人たちを許さず、差別して人と見なしていない。逆に、罪人と言われる人たちも、自分たちを差別し蔑むパリサイ人たちに対する敵対心が当然あるはずです。互いに赦し合うことができない現実がある。しかし、ここで重要なのは、この譬え話は放蕩息子とその兄の物語ではないということです。この物語は、二人の失われた息子を持つ父の物語であるのです。父のことが語られている。

許し合い、和解することは難しいということを、私たち全員が経験しますが、聖書は何と言っているのでしょうか。ここで私たちの心に突き刺さる聖書の言葉があります。マタイの福音書6章14節、「主の祈り」のすぐ後の箇所で、イエス様は次のようにおっしゃっている。「もし人の過ちを赦すなら、あなたがたの天の父もあなたがたを赦してくださいます。しかし、人を赦さないなら、あなたがたの父もあなたがたの過ちをお赦しになりません」（マタイ6：14〜15）と。もしこれを規則として守らなければならないと理解するなら、私たちは絶望するしかありません。しかし、イエス様は、人を赦さない者は地獄に落とされるというような罰則付きの規則を与えていらっしゃるのではありません。

聖書を読むときに、大前提として理解しておかなければならないことがあります。先ず、聖書は「こうすべきである。こうしてはならない」という規則集ではないということです。旧約聖書の律法も、親が自分の子どもに生きる道を示す血の通った教えなのであって、違反した者に罰を与えることを目的とした規則ではありません。次に、イエス様のことばは、激しく厳しいですが、その背後にある本当の思いを聴き取らなければならないということです。神様は、私たちをすべて赦してすべてを生かすことしか考えていらっしゃらないということを前提に解釈することが重要なのです。神様が私たちをご自身の子として造られたからです。

「しかし、人を赦さないなら、あなたがたの父もあなたがたの過ちをお赦しになりません」というのは、赦し合うことの大切さを教えておられるのであって、脅しではありません。「あなたがたの父も」とおっしゃっている。親として子どもを訓戒することばであることは明らかです。子ども同士が赦し合うことを教えているのです。兄弟げんかを考えればすぐわかります。父親が兄弟げんかをしているのを見ている状況で、

父「お兄ちゃんが悪かったのは分かったから、もう許してやれよ。」

弟「絶対許さない！」

父「じゃあ、お父さんもお前がこの前やった悪さを許さないよ！」

このように言ったとしても、父親は弟を許していますね、心の中では。親は子どもを生かすことしか考えていないですから。神様もご自分の子である私たちを生かすことしか考

えていらっしゃらないのです。

何度も言いますが、親は自分の子どもが失われたままでは完全ではいられない。愛する子どもを失い、完全な神が完全でいられなくなったのです。「お前はどこにいるのか？」と呼びかけながら人を探し求める神が、見つけた子どもに「お前、赦さないからね」と言うわけがないのです。私たちが人を赦す前に、神様が私たちのところにやってきて、抱きしめてくださる。人を赦す愛で満たしてくださるのです。人にはできない。私にはできない。しかし、神様にはできる。神様には神様の方法があるのです。私の方法ではない。私が自分の心を殺して赦すことにする、というのとは違うのです。

私たちは、人から大切なものを奪われたり、傷つけられたり、損害を与えられたりすると、赦せなくなります。ただ、「復讐してやる」というのと「赦せずに苦しむ」というのは違うのです。復讐してやろうと心に決めることと、赦したいけれど赦せない苦しみとは違う。これは分けて考えなければならない。赦せずに苦しむというのは、自分の存在が引き裂かれていることの苦しみです。痛みは自分の意志ではコントロールできません。怪我をしたら、意志で「痛みよ、なくなれ！」と言っても痛みがなくなるわけではありません。それと同じように心を傷つけられると、その痛みは自分の意志ではコントロールできないのです。一度「赦します」と言ったのに、またすぐに思い出して怒りが湧いてくるというのは、赦していないということではないのです。一度神様の前に赦したいと思った。神様はそれを永遠の時間の中で確かなものとして握っていてくださっています。この怒りは復讐の怒りではない。存在の分裂の苦しみで、激しい感情が出てくるのです。神様は、この痛みが癒されたら激しい感情が収まることもご存じです。神様は、その思いを永遠に握っていてくださる。だから安心して良いのです。

赦したいと思ったら一秒後に一緒に居られるようになるかと言えば、それは無理です。一緒に居られなくて良いのです。神様が赦して、永遠という時間の中で、和解と解決を与えてくださる。そう聖書が言っている。「神様、そうなんですか？　そうなんですね……。」「今私には全ては見えないけれど、あなたがそうおっしゃるのなら、期待します。」それだけで十分です。

聖書の中で、一番仲の悪かった兄弟はカインとアベルです。最悪の兄弟です。アベルの献げ物は神様に受け入れられ、カインの献げ物は受け入れられなかった。それに腹を立てたカインはアベルを殺してしまった。しかし、皆さん、何故カインの献げ物は神様に喜ばれず、アベルの献げ物は喜ばれたのだと思いますか？　納得がいかないと思うことはありませんか？
カインは農作業をしていた。農耕は思うようには進まない。乾燥地帯です。神様が雨を降らしてくださらなければ作物は育たない。せっかく育ったのに、害虫やイナゴにやられる。動物に食い荒らされる。ひょっとしたらアベルの飼っている羊が農作物の若い芽を食べてしまうようなこともあったかもしれない。いずれにしても、アベルの献げ物が喜ばれ、カインの献げ物が喜ばれなかったという、ただ一回の出来事のために、カインはアベルを殺したのではなかっただろうと思います。農作業は理想的にはいかない。重労働して畑を耕して育てているのに、少ししか収穫できないこともある。そういうことからカインは神様に対する不信感を募らせたのではないかと思います。

一方アベルは、神様に感謝しながら羊を育てている。草のあるところ、水のあるところを見つけて、羊の群れを導いていく。そして羊の初子の最上のものをささげた。それは神様に喜ばれた。ところがカインは、神様に対する不信感をもっていたから心からの献げ物をすることが出来なかったのだと思います。私がカインの心を持っているからそのように感じるのかもしれませんが。神様はカインの献げ物には心を留められなかったとあります。カインは、神様とアベルの親しい関係が許せなくてアベルを殺してしまうのです。何故、弟ばかり神様に愛されて、認められるのか。「神様がもっとたくさん雨を降らせて、イナゴも来ないようにしてくれたら、俺も良いものをささげられたのに」と思ったかもしれない。

アベルを殺してしまったカインは、神様から叱責されて、罪を認めます。神様から「お前が種を蒔いても収穫はできないぞ」と怒られて追放されることになったとき、「私を見るものは私を殺すでしょう」と嘆いた。すると、神様はカインをお赦しになるのです。そして、カインの額に「罪赦された者」と印を付けてくださった。

カインはエデンの東、ノデ（ノド：新共同訳）の地に追放されます。両親と一緒にいられなくなったということです。神様は赦してくださったけれど自分の家からは出なければなりませんでした。しかし、そこでこう書かれています。「カインはその妻を知った。彼女は身ごもってエノクを産んだ。カインは町を建てていたので、息子の名にちなんで、その町をエノクと名づけた」（創世記4：17）。「エノク」というのは「ささげられた者」という意味です。私は「エノク」という名前ですが大学生の時に、この名前の意味を調べました。「ささげられた者」という意味だった。私はカインの息子のエノクではなく、創世記第5章のヤレデの息子のエノク、生涯神と共に歩んだエノクに因んだ名を与えられましたが、カインも息子にエノクという名を与えた。神様に対する不信感から最上のものをささげられなかったカインでしたが、弟を殺した自分をも赦してくださった神様の愛と温かさを知りました。そして、自分の跡取り息子、最も大切な息子を神様のものとしてささげたのです。また、全身全霊をかけて建てた町も「エノク」と名付けた。神様にささげたのです。赦されたカインは、自分の最も大切なもの、自分自身を神様にささげる者に変えられていったのです。

地上ではカインとアベルの和解は与えられませんでした。またカインは両親の元に帰ることもできなかった。しかし、この地上で繋ぐことができないものを再びつないでくださる方がいます。エペソ人への手紙1章9節にこのように語られています。「その奥義とは、キリストにあって神があらかじめお立てになったみ旨にしたがい、時が満ちて計画が実行に移され、天にあるものも地にあるものも、一切のものが、キリストにあって、一つに集められることです。」今ではないかもしれない。しかし、時が満ちたら、一切のものがキリストと結びつけられ、一つに集められる。

さらにエペソ人への手紙第2章では次のように言われています。「実に、キリストこそ私たちの平和です。キリストは私たち二つのものを一つにし、ご自分の肉において、隔ての壁である敵意を打ち壊し、様々な規定から成る戒めの律法を廃棄されました。こうしてキリストは、この二つをご自分において新しい一人の人に造り上げて平和を実現し、二つのものを一つのからだとして、十字架によって神と和解させ、敵意を十字架によって滅ぼされました。また、キリストは来て、遠くにいたあなたがたに平和を、また近くにいた人々にも平和を、福音として伝えられました。このキリストを通して、私たち二つのものが、一つの御霊によって御父に近づくことができるのです」（エペソ2：14〜18）。すべてのものを一つに集めるお方がいる。

私たちは、目の前にある対立や、まだ和解ができていない状況を見て、自分が赦していないからではないか、と思うこともあるかもしれません。しかし、神様はそのように思っていらっしゃるわけではないのです。あなたが一度、本当は赦したいと思った。けれど赦せない思いがまた湧いてくる。神様は、あなたが一度、本当は赦したいと思った、それだけで十分だとおっしゃってくださっている。

そして私たちの目には見えない時の中で、神様の時が満ちるとき、一切のものがキリストにあって一つに集められる。カインとアベルも一つに集められる。アダムとエバも一つに集められる。私たちを集めてくださる方がいる。放蕩息子と放蕩息子の兄も、時が満ちて一つに集められる。取税人、罪人とパリサイ人、律法学者たちも時が満ちて一つに集められる。神様はそのような時を備えてくださっている。私たちはそのことを心に覚えて、「神様、そうなんですね」と言えれば良い。無理に「信じます」と言わなくていいのです。「神様、そうなんですね。あなたはそういうふうにしようと思ってらっしゃるのですね。」それで十分です。

お祈りをしましょう。

天のお父さま。私たちの痛み、胸のうずきを知ってくださっていることを感謝いたします。この地上で私たちが自分の力では繋ぐことのできなかったもの、それをあなたはキリストの十字架の血によって再び繋ぐとおっしゃってくださいました。感謝いたします。あなたがそうしようと思っていらっしゃる。その言葉を聞いてこの私もあなたと手を繋いで歩んでいくことができるように導いてください。今一緒にいることができない、あの人もこの人も祝福してください。あの人ともあなたが手を繋いで歩いてください。イエス様の御名によってお祈りします。アーメン。

（2023年5月21日）

聖霊は赦しに赦す（第16章1〜13節）

今日は、ペンテコステ、聖霊降臨の礼拝を共にささげています。主イエスは復活なさって弟子たちにご自身を顕されたときに「聖霊を受けよ」と言って彼らに息を吹きかけ、そして言われました。「あなたがたがだれかの罪を赦すなら、その人の罪は赦され、赦さずに残すなら、そのまま残る」と（ヨハネ20：23）。イエス様が聖霊を与えるとおっしゃったとき、それは、あなたがたを罪の赦しの宣教のために遣わすということを意味していました。

今日の箇所は、「不正の管理人の譬え」「不正の富の譬え」として知られていますが、福音書の中でも最も難解な箇所の一つと言われ、多くの人たちが理解に困っているところです。今日、私たちがこのペンテコステの礼拝でこの箇所を読むことができるのは、神様が与えてくださった導きだ、と私は感謝しています。

今申し上げたとおり、この箇所は聖書の中でも最も難解とされることの一つであります。

しかし、ここを理解する鍵があります。どういう状況で語られたのか、誰に対して語られたものなのか、ここで言われている財産とは何かということを、前後の文脈から押さえていくことによってこの難解な箇所を読み解いていくことができます。

私たちが読んでいる聖書には、章や節が付いています。ですから、章が変わると新しい場面に切り替わったと思うかもしれませんが、ここは前から語られている場面の続きです。元々ヘブライ語やギリシャ語の聖書原典には章や節の区分はありませんでした。章の区分ができたのは１２２７年ごろ、節の区分はそれよりも二百年ほど後の１４４８年と言われますので、聖書の元の話の展開は、今私たちが見る章や節とは異なっている可能性があるということを知っておくことが有用です。では、この場面はどこから始まっているかと言うと、15章の1節からです。そこから場面は変わっていないのです。

この場面の最初に次のように言われています。

さて、取税人たちや罪人たちがみな、話を聞こうとしてイエスの近くにやって来た。すると、パリサイ人たち、律法学者たちが、「この人は罪人たちを受け入れて、一緒に食事をしている」と文句を言った。そこでイエスは、彼らにこのようなたとえを話され

た。（15：1～3）

その時に話されたのが、迷子になった一匹の羊を探し求める羊飼いの話、なくした一枚の銀貨を見つかるまで探す女の人の話、それから失われた二人の息子を持つ父親の譬え話であった。これらは、パリサイ人、律法学者たちに向かって語られたものでありました。

ところが、今日のこの箇所は、「イエスは弟子たちに対しても、次のように語られた」（16：1）とある。これは弟子たちに対して語っているのであって、パリサイ人や律法学者たちに対して語られたものではない。つまり弟子たちに対して、君たちはこの「不正の管理人」のようであれ、とおっしゃっているということです。不思議に思いませんか？ イエス様が弟子たちに語っておられると言うことは、私たちにも語っておられるということです。私たちにも「君たちもこの不正の管理人のようであれ」と教えておられる。イエス様は私たちに不正を行うように教えておられるのか？ そうではありませんね。それを今日はご一緒に学んでいきたい、読み解いていきたいと思います。

こう言われています。

「ある金持ちに一人の管理人がいた。この管理人が主人の財産を無駄遣いしている、という訴えが主人にあった。主人は彼を呼んで言った。『おまえについて聞いたこの話は何なのか。会計の報告を出しなさい。もうおまえに、管理を任せておくわけにはいかない。』」（16：1～2）

この譬え話を理解するのに重要なのは「財産」ということばです。15章にも「財産」という言葉が出てきたのですが、覚えていらっしゃいますか？　放蕩息子の譬えで、弟が「私の受け取る分の財産を分けてくれ」と言ったら、父は、弟だけではなくて、兄にも、それぞれ財産を分けてやったとあります。その続きの話なので、「財産」という言葉が出てきたら放蕩息子の譬えで語られている財産と同じものだと考えることができるわけです。

先々週と先週、お話ししましたが、ここで「財産」が意味するものは何か。それは、父が息子たちに分けてやった「神のいのち」、「神の子の本質」であった。ところが、息子たちはそれを使い果たしてしまった。浪費して失ってしまった。その息子たちの「神のいのち」「神の子の本質」を父が回復する物語が「放蕩息子の譬え」であると、私たちは学びました。ですから、ここで主人の財産を無駄遣いしているという訴えが主人にあったという時の、この主人の財産も、「神のいのち」、「神の子の本質」であって、それを与えられている管理人が浪費して、失っているということを表していると理解することができるわけです。

そして、今、イエス様は弟子たちに向かって話していらっしゃいますから、「神の財産の管理人たちというのは、君たちのことだよ」ということです。神様から預かった神のいのち、神の子の本質を無駄遣いして失っている状態にあるのだよということです。それを聖書は罪と言います。そして、「会計の報告を出せ」と言われる。それは、「罪の精算をせよ」ということです。そう言われて管理人は心の中で考えた。

「『どうしよう。主人は私から管理の仕事を取り上げようとしている。土を掘る力はないし、物乞いをするのは恥ずかしい。分かった、こうしよう。管理の仕事をやめさせられても、人々が私を家に迎えてくれるようにすればよいのだ。』そこで彼は、主人の債務者たちを一人ひとり呼んで、最初の人に、『私の主人に、いくら借りがありますか』と言った。その人は『油百バテ』と答えた。すると彼は、『あなたの証文を受け取り、座ってすぐに五十と書きなさい』と言った。それから別の人に、『あなたは、いくら借りがありますか』と言うと、その人は『小麦百コル』と答えた。彼は、『あなたの証文を受け取り、八十と書きなさい』と言った。（16：3〜7）

油百バテとか小麦百コルとはどのくらいの量かと言うと、油百バテは四千リットルだそうです。小さい自動車には四十リットルくらいガソリンが入ると思います。百台分くらいになります。小麦百コルは四万リットルだそうです。すごい金額ですね。つまり、神に対して莫大な負債がある状態だということです。神に対する莫大な負債、自分の罪を解決できない状態の人たちがいたということです。この人たちも、神の子としての本質を失ってしまっている。神のいのち、神の子の本質、神の姿、神のかたちを失ってしまっている。

この管理人は、油百バテの人には「すぐに五十と書け」と言い、小麦百コルの人には「八十と書きなさい」と言う。すなわち、神に対する罪、負債を減額してやるということです。このことから分かるのは、神に仕える者は人の罪を減額する権限が与えられているということです。どう思いますか、皆さん。「いやいや、罪を赦すことができるのは、神様だけでしょう。私などにはそのような権限はありませんよ」と思いませんか？　ところが、「主人は、不正な管理人が賢く行動したのをほめた」（16：8）とイエス様はおっしゃっている。

「この世の子らは、自分と同じ時代の人々の扱いについては、光の子らよりも賢いのである。わたしはあなたがたに言います。不正の富で、自分のために友をつくりなさい。そうすれば、富がなくなったとき、彼らがあなたがたを永遠の住まいに迎えてくれます。」（16：8〜9）

この不正な管理人は解雇されなかったのです。むしろ、主人に「よくやった」と言われた。驚くべきことです。さらに言われます。

「この世の子らは、自分と同じ時代の人々の扱いについては、光の子らよりも賢いのである。」（16：8）

これも分かりにくいところです。「光の子」が何を指すのか、ユダヤ人の新約聖書学者であるダビッド・フルッサルなどは、「光の子」はエッセネ派を指すと言っています。パリサイ人を指すという解釈も可能です。パリサイ派の人たちは、この世から自分たちは分離した特別な存在だと考えていた。分離された者という意味です。エッセネ派は、パリサイ人よりもさらに徹底してこの世の汚れから離れて、沐浴すなわち洗礼による身の清めと禁欲の集団生活を送りながら、今の死海のほとりクムランでメシアの到来を待ち望んでいました。この「光の子」が実際に誰を指すのかは明確ではありませんが、ここでイエス様が言っておられることで一つ確実なことがあります。それは、罪人と呼ばれ差別されている人の友となることは、自分を清いものとしこの世の汚れから隔離して生きることよりも賢いのだ、尊いのだ、ということです。

「不正の富で友を作る」というのはどういうことでしょうか？　この管理人は、主人に対して負債を負っている人たちの負債を減らしてやる権限を本来は持っていない。それができるのは主人だけですから。しかし、主人にしか権限のないことを管理人がやった。それが不正の富で友を作るということです。そして、それは主人に褒められたというのです。

これは何を意味するのか？　本来、私たちは罪を赦す権威をもっていません。それは神様だけの権威です。しかし、罪に苦しむ人たち、ここでは取税人の人たち、あるいは罪人という言葉で表された人たちに、罪の赦しを宣言してやれ、と言っているのです。罪人というのは、他民族との混血などで正式なユダヤ人とは認められていなかった人たち、そして律法を守らないということで差別されて社会的な最下層の地位に置かれていた人たちのことです。そういうイスラエルの範疇に入らないとされていた人たちに罪の赦しを宣言してやれ、神の僕としてそれをやれ、とおっしゃっているのです。神の僕にはそれが許されていると。

では、次のことばは何を意味しているのでしょうか？

「そうすれば、富がなくなったとき、彼らがあなたがたを永遠の住まいに迎えてくれます。」（16：9）

これを理解する鍵は、取税人や罪人と言われている人たちは、神ご自身が彼らを赦し、永遠の住まいに迎え入れておられるという前提にあります。彼らも天の父と一緒に、あなたがたを永遠の住まいに迎え入れてくれる。だから、彼らの友となれ。彼らに罪の赦しを宣言してやれと、イエス様はおっしゃっているわけです。

「最も小さなことに忠実な人は、大きなことにも忠実であり、最も小さなことに不忠実な人は、大きなことにも不忠実です。ですから、あなたがたが不正の富に忠実でなければ、だれがあなたがたに、まことの富を任せるでしょうか。また、他人のものに忠実でなければ、だれがあなたがたに、あなたがた自身のものを持たせるでしょうか。」

（16：10〜12）

ここで、「忠実な」と訳されていることばは「真実な」という意味です。最も小さい者のひとり、罪人と呼ばれていた人、その人に対して真実であるということです。最も低められていた人に対して真実であるということです。

イエス様は、十字架にかけられる前の最後の説教の中で次のように言っておられます。

「すると、王は彼らに答えます。『まことに、あなたがたに言います。あなたがたが、これらのわたしの兄弟たち、それも最も小さい者たちの一人のためにしたことは、わたしにしてくれたのです。』」（マタイ25：40）。

最も小さい者に真実である、それはわたしに対して真実であることなのだよ、とおっしゃってくださっています。最も小さなことに不真実な人は、大きなことにも真実ではない。

「ですから、あなたがたが不正の富に忠実でなければ、だれがあなたがたに、まことの富を任せるでしょうか。また、他人のものに忠実でなければ、だれがあなたがたに、あなたがた自身のものを持たせるでしょうか。」（16：11～12）

罪人と言われる人たちの罪の赦しについて真実でなければ、あなた自身の罪の赦しを期待できようか、とおっしゃっているのです。罪に苦しんでいる人たちに向かって、その人たちを差別するようではどうして自分自身の罪の赦しを期待できようか。

君たちは、罪人は神がさばかれると言って人を断罪したり、あるいは罪の赦しは神様が決定権を持つのだから自分は関係ない、と無関心を装うのではなく、君たち自身が、このように罪に苦しむ人たちの罪の赦しに積極的に関われと、イエス様は私たちにおっしゃっているのです。そして彼らと共に喜び、共に楽しめと。

神の僕たちには、これが許されている、その権威が与えられているとおっしゃっている。復活なさったイエス様は、弟子たちに現れて言われました。

「平安があなたがたにあるように。父がわたしを遣わされたように、わたしもあなたがたを遣わします」。こう言ってから、彼らに息を吹きかけて言われた。「聖霊を受けなさい。あなたがたがだれかの罪を赦すなら、その人の罪は赦されます。赦さずに残すなら、そのまま残ります。」（ヨハネ20：21〜23）

いいですか。あなたがたが赦したら、その人の罪は赦されるとおっしゃっているのです。「神様はあなたの罪を赦していると聖書は言っています。それは私が関与できないものです」ではないのです。「あなたも赦せ」とイエス様はおっしゃっているのです。「赦さずに残すなら、そのまま残ります」と言われていますが、それは、自分の好みでこの人は赦す、この人は赦さずに残す、そういうことができるということではありません。できる限り赦せ、可能な限り赦しに行け、とおっしゃっている。

イエス様はこのとき、彼らに息を吹きかけて言われました。「聖霊を受けよ」と。聖霊は罪を赦す権威をもつ。全ての罪を赦す権威をもつ聖霊を受けて、お前たちも赦しに赦せ、とおっしゃって、命じておられるのです。

私たちクリスチャンが気をつけなければならないことがある。聖書という権威が与えられているから、その権威によって人を支配したり裁いたりすることができると思うなら、それは誤解です。聖書の権威をもって人を傷つけたり、否定したりすることがある。イエス様はそんなことのために聖霊を私たちにお与えになったのではありません。赦すためです。愛するためです。

「どんなしもべも二人の主人に仕えることはできません。一方を憎んで他方を愛することになるか、一方を重んじて他方を軽んじることになります。あなたがたは、神と富とに仕えることはできません。」（16：13）

神に仕えるとは何か。それは低められ罪人とされる人たちを真実に愛し彼らを赦すことです。赦すことが神に仕えることなのです。その時に私たちに求められること、私たちが突破しなければならないことがある。それは、自分という基準を捨てていくことです。自分という基準をもっていたら赦せないのです。自分という基準を捨てて、突破していく。この突破は、上に向かっての突破ではなく、下に向かっての突破、低められる突破をするということです。

低められた者として人に仕える。そして、そのためには聖霊の満たしが本当に必要なのです。人を赦しに赦す聖霊を私たちは受けたい。与えられたい。聖霊が突破させてくださる。一方、そのような人たちを切り捨てるということは、自分自身を高いところ、高みに置くことです。自分自身を高みに置いておけば、人は人を簡単に切り捨てるようになる。これは富を愛するパリサイ人の生き方だとイエス様はおっしゃっているのです。

今日、ペンテコステのこの日に私が切に願い求めるものは、全ての人を赦しに赦す聖霊を豊かに満たしていただくことです。私たちはすぐに自分の基準で人の善し悪しを言ったりする。そういう壁を打ち破ってくださる聖霊、私たちの中に、愛して止まないいのちを満たしてくださる聖霊、赦して止まないいのちを満たしてくださる聖霊、それを私たちは切に請い求めたい。互いに愛し合い、また罪に苦しむ一人ひとりに「あなたは赦されているよ。私もあなたを赦すよ。一緒に生きていこう」と語り合いながら生きていくことができますように。

お祈りをします。

天のお父さま。自分という基準で人を裁きまくっていた、こんな心の冷たい者に聖霊を注いでくださったことに感謝いたします。主様。あなたの御霊、聖霊を、私たちにあふれるように注いでください。あなたが全ての人を愛し赦しておられるように、私たちも罪に苦しむ人に出会うときに、あなたの与えておられるこの罪の赦しを彼らと分かち合っていくことができるようにしてください。罪の赦しを宣言していくことができるように、私たちも赦していくことができるように愛を満たしてください。イエス様の尊い御名によってお祈りいたします。アーメン。

（2023年5月28日）

聖霊は愛を完成する（第16章14～31節）

聖書のことばは、私たちが自分について持っているセルフイメージの奥にある本当の自分の姿を映し出すものです。私は大学で担当している授業の中で、聖書を基準に自己を分析し、それを論理的にまとめることによって日本語文章力を鍛えるという指導を行なっています。就職活動において自己分析を書かせる企業も多いようですが、最初学生たちは、就職活動における自己分析文のように、「私は良い人間です」というような内容のことばかり書きます。それは決して嘘でも偽りでもなく、自分について持っているイメージを書いているのですが、聖書に書かれている人の失敗の歴史を読み進め、理解していくうちに、このような表面的な自己理解、セルフイメージの奥にある自分の姿に気がついていくようになります。それに立ち向かうことは、時に非常な苦痛を伴い、勇気が必要なのですが、深く自己分析した文章は強い説得力を持ち、文章力も格段に向上します。しかし、自分でも意識したくなかった自分の姿を知るからこそ、その先に本当に尊い自分がいることを知る学生たちもいます。

聖書のことばは、私たちが表面的にもっているセルフイメージの殻を打ち破るものです。その奥に、自分自身でも見たくなかった自分の醜い心を見るようになりますが、さらにその奥の奥で私たちを待ってくださっている神様に出会うことができるのです。

今日私たちに与えられている聖書の箇所は、「金持ちとラザロ」として知られているところです。ここでもイエス様は、パリサイ人たちの表面的なセルフイメージの殻を打ち破ろうとしておられます。しかし、それはその下にある醜い心を炙り出すためではなく、それを越えたところで、彼らが真に父なる神様に出会い、その愛に生きるようにとの願いによるものでした。表面的に読むだけだと、イエス様が語っておられることばの一つ一つがどのように関係しているのかがわからず、混乱してしまうのですが、第15章からずっと続いている談話の文脈と、当時のパリサイ人がどのような人たちだったのかということの理解の上に読むことによって、イエス様の思いに迫ることができます。そして、それは、私たち自身の表面的なセルフイメージを打ち破る力があるものです。私たちは、その先で待ってくださっているイエス様に出会いたいのです。

「金持ちとラザロ」の譬え話は、イエス様がパリサイ人たちに語られたものですが、それは彼らがイエス様をあざ笑っていたことに対するものでした。次のように記されています。

「金銭を好むパリサイ人たちは、これらすべてを聞いて、イエスをあざ笑っていた。イエスは彼らに言われた。「あなたがたは、人々の前で自分を正しいとするが、神はあなたがたの心をご存じです。人々の間で尊ばれるものは、神の前では忌み嫌われるものなのです。律法と預言者はヨハネまでです。それ以来、神の国の福音が宣べ伝えられ、だれもが力ずくで、そこに入ろうとしています。しかし、律法の一画が落ちるよりも、天地が滅びるほうが易しいのです。だれでも妻を離縁して別の女と結婚する者は、姦淫を犯すことになり、夫から離縁された女と結婚する者も、姦淫を犯すことになります。」（16：14〜18）

ここにでは、いくつかの事柄が断片的に語られているような印象を持たれるのではないでしょうか。それぞれがお互いにどのように関係しているのかが分かりにくいと感じますが、少し掘り下げると、互いが緊密に関係していること、そして、それがパリサイ人たちを糾弾する強い言葉であることが分かります。

「金銭を好むパリサイ人たちは、これらすべてを聞いて、イエスをあざ笑っていた」（16：14）とあります。「すべてを聞いて」とは、迷子になった一匹の羊を探して見つけ出した人の譬え、10枚の銀貨の内の1枚がなくなり、それを探し出した女性の譬え、そして、放蕩息子とその兄という二人の失われた息子たちを回復させようとする父の譬え、さらに不正の管理人の譬え話の全てを聞いてということです。最初の三つの譬え話はパリサイ人、律法学者たちに向かって語られましたが、最後の不正の管理人の譬えは弟子たちに向かって語られたものです。パリサイ人、律法学者たちはこれらを全部聞いてイエス様をあざ笑っていた。要するに「何を言っているんだ、こいつは。何も分かっていないんじゃないのか」と言っていたということです。裏を返せば、イエス様がおっしゃっていたことを何一つ理解できなかったということです。何か一つでも心に届くことがあれば、あざ笑うことはなかったはずです。

「金銭を好むパリサイ人」とあります。単にお金をたくさん持っているということと金銭を好むというのは違います。お金を持っていなくとも金銭を好む人はいます。逆にお金をたくさん持っていても金銭に執着しない人もいる。『聖霊の上昇気流』という本の中にも書きましたが、私は、オーストラリア国立大学の博士課程の学生だったとき、言語調査と伝道のため、パプア・ニューギニアのジャングルに単身で入っていきました。奨学金でギリギリの生活をし、調査のための研究費も必要最低限しか出なかったので、いつも所持金を気にしていました。特に1回目に言語調査に行った時には、毎日金を数えていました。いくら残っているか完全に記録し、覚えて分かっていたのに金を数えなくてはいられない思いに駆られた。また、マラリアに罹患することを恐れた私は、私のところにマラリアの薬をもらいにくる村の人たちに自分の分まで分けて与えることができませんでした。そのため、1回目の伝道旅行では、伝道らしいことは何もできなかったのです。是非読んで笑っていただきたいと思いますが、私は金を自分のためだけに使いたいパリサイ人だったということです。自分のためだけに自分を使うパリサイ人だったと言い換えることもできるでしょう。

パリサイ人たちがイエス様をあざ笑っていたところには、取税人たち、罪人と言われる人たち、弟子たちがいました。この中の取税人たちは、金を持っていた人たちです。ローマ帝国の力を傘に、同胞のイスラエル人たちから金をむしり取って、豪奢な生活をしている人たちでした。しかし彼らは、イエス様の話を聞き、イエス様に愛され、それを他者のために使う人たちへと変えられている。また、他の人たちを赦す者へと変えられている。ここにいる人たちに食事を振る舞っていたのは取税人たちだったと思います。

イエス様は金を愛するパリサイ人たちに言われました。「あなたがたは、人々の前で自分を正しいとするが、神はあなたがたの心をご存じです。人々の間で尊ばれるものは、神の前では忌み嫌われるものなのです。律法と預言者はヨハネまでです。それ以来、神の国の福音が宣べ伝えられ、だれもが力ずくで、そこに入ろうとしています」(16：15〜16)。

「律法」と「預言者」と言われていますが、これは当時パリサイ人たちが正典としていた旧約聖書のことです。今私たちが読んでいる旧約聖書は、「律法」「預言者」「諸書」と呼ばれる部分でできています。「聖書ミニ知識」として知っておくと聖書を読むときに役に立つかもしれません。「律法」というのは、「モーセ五書」と呼ばれるもので、「創世記」「出エジプト記」「レビ記」「民数記」「申命記」です。「預言者」には「ヨシュア記」「士師記」「サムエル記」「列王記」「イザヤ書」「エレミヤ書」「エゼキエル書」と12の「小預言書」が含まれます。「預言者の書」ではなく、「預言者」と呼ばれます。ですから、イエス様が「律法と預言者」と言われるとき、これらの書物のことを指しておられるのです。サドカイ派の聖典は「律法」だけでしたが、パリサイ派の聖典は「律法」と「預言者」だった。イエス様の時代には、その後旧約聖書に加えられる「諸書」、すなわち、「詩編」や「歴代誌」、その他の歴史書、「箴言」や「伝道者の書」などの知恵文学については、どれを正典に加えるかがまだ決まっていませんでした。イエス様の時代にパリサイ派の正典として決まっていたのは、「律法」と「預言者」だけだったのです。ですから「律法と預言者はヨハネまでです」というのは、洗礼者ヨハネまでで旧約の時代は完成した、今新しい時代がやってきたということを意味するわけです。

今イエス様はパリサイ人に向かって話していらっしゃいます。「パリサイ人たちよ。君たちが頼みとしている律法と預言者を超える神の国がすでにやってきている。君たちは律法を守るか否かで人を差別するだけで、自分は神の国に入ろうとしていないけれども、取税人や罪人と呼ばれる人たちは、そこに必死で入ろうとしている」と。つまり、イエス様との関係を求め、そこで祝福を受けている、とおっしゃいました。

そして、これに続くことばによって、イエス様はパリサイ人たちが律法を表面的に守るだけで、その精神を踏み躙《にじ》っていると強く指弾なさいます。「しかし、律法の一画が落ちるよりも、天地が滅びるほうが易しいのです。だれでも妻を離縁して別の女と結婚する者は、姦淫を犯すことになり、夫から離縁された女と結婚する者も、姦淫を犯すことになります」(16：17～18)。

元々神様が人を男と女とにお造りになった時には、二人が離婚することは前提としていらっしゃらないことが創世記のことばで明らかにされています。

「それゆえ、男は父と母を離れ、その妻と結ばれ、ふたりは一体となるのである。」

(創世記2：24)

「一体となる。」それは分けることができないないものである。これが創造の始めからの神様のご意志である。つまり律法の一番最初からの神様の定めである。しかし、君たちは些細なことで妻を離縁し、妻を見捨てている。君たち自身が律法を骨抜きにしているではないかとおっしゃるのです。

パリサイ人たちが妻を離縁するための根拠としていたことばが申命記にあります。「人が妻をめとり夫となった後で、もし、妻に何か恥ずべきことを見つけたために気に入らなくなり、離縁状を書いてその女の手に渡し、彼女を家から去らせ、……」(申命記24：1)

と定められています。本来恥ずべきこととは不品行の罪が発覚した場合という意味だったのですが、この当時の人々は、恥ずべきことというのを自分の都合のよいように解釈していました。例えば、料理に失敗した、鍋を焦がした、他の男と話をした、極端な場合、もっと美しい人を見つけたなどの簡単な理由で妻を離縁する男たち、パリサイ人がたくさんいたのです。イエス様はこのことについて、次のように解説しておられます。この申命記24章1節の箇所は、モーセが人と妥協し、仕方ないから離縁しても良いと定めたものであって、創造の始めから神様はこのようなことを考えてはいらっしゃらなかった（マルコ10：5～9）と。

新約聖書の中には、遊女と呼ばれる人たちがたくさん出てきます。イエス様は彼女たちを守り、祝福なさいました。なぜかと言うと、そのような身勝手な男たちに捨てられた女性たちは、他の男を頼るしか生きていく道がなかったからです。男性中心社会でしたから、夫から離縁された女性は、生きていくためには他の男と結婚するか、身を売るしかなかったのです。イエス様はそのような身勝手なパリサイ人の男たちの罪を非常に強く糾弾なさいました。

その上で、この金持ちとラザロの譬えをお話になるのです。註解書を調べてみますと、ここでイエス様が語られている「貧乏人ラザロの譬え話」は、イエス様のオリジナルの話ではなく、当時のイスラエルの人たちがよく知っていたエジプトの寓話をイエス様がアレンジして語られたものだということです。ですから、実際にこのような金持ちとラザロがいたということではないのです。また、イエス様が批判なさったパリサイ人たちは、社会的な弱者救済に熱心であって、そのために収入の十分の一以上を施しのためにささげていました。決してここで語られている金持ちのような生き方をしていたわけではなかったのです。ここに一つの問いが生じます。では、なぜイエス様はこの話をパリサイ人たちに向かって語られたのか？　その真意は何か？　それは、パリサイ人たちが律法の精神を骨抜きにしていたということと関係があります。次のように語っておられます。

「ある金持ちがいた。紫の衣や柔らかい亜麻布を着て、毎日ぜいたくに遊び暮らしていた。その金持ちの門前には、ラザロという、できものだらけの貧しい人が寝ていた。彼は金持ちの食卓から落ちる物で、腹を満たしたいと思っていた。犬たちもやって来ては、彼のできものをなめていた。」（16：19～21）

さきほども言ったように、金を持っていること自体は悪くありません。金を自分のためだけに使うことの罪がここで指摘されています。「寝ていた」というのは、置かれていたという意味ですが、この人は自分で歩いては来られなかったということです。身体に障害があったため自分で歩けなかった。そして、体中にできものができていた。金持ちの家の前には人がたくさん通ります。だから、そこを通る人たちから施しを受けていたということです。彼は「金持ちの食卓から落ちる物で、腹を満たしたいと思っていた。」思っていたということは、金持ちからは何も食べる物をもらえなかったということです。通行人たちからの施しだけで生きていた。「犬たちもやって来ては、彼のできものをなめていた。」犬は当時のユダヤ社会では汚《けが》れた動物とされていました。「犬に聖なるものを投げてやるな」とイエス様もおっしゃっていますが、そのような背景の中でこのことが語られている。金持ちも使用人も、ラザロにまとわりつく汚《けが》れた犬を追い払うこともしなかった。つまり金持ちは、ラザロを汚《けが》れた者、存在しないものとして生きていたということです。

ここで金持ちはパリサイ人、ラザロは取税人や罪人の比喩として語られています。ラザロはヘブライ語ではエレアザルという名前です。「神、助け給えり」という意味の名前です。イエス様の話は次のように続きます。

「しばらくして、この貧しい人は死に、御使いたちによってアブラハムの懐に連れて行かれた。金持ちもまた、死んで葬られた。金持ちが、よみで苦しみながら目を上げると、遠くにアブラハムと、その懐にいるラザロが見えた。金持ちは叫んで言った。『父アブラハムよ、私をあわれんでラザロをお送りください。ラザロが指先を水に浸して私の舌を冷やすようにしてください。私はこの炎の中で苦しくてたまりません。』するとアブラハムは言った。『子よ、思い出しなさい。おまえは生きている間、良いものを受け、ラザロは生きている間、悪いものを受けた。しかし今は、彼はここで慰められ、おまえは苦しみもだえている。そればかりか、私たちとおまえたちの間には大きな淵がある。ここからおまえたちのところへ渡ろうとしても渡れず、そこから私たちのところへ越えて来ることもできない。』」（16：22〜26）

間違ってはいけませんが、貧乏人は天国に行って金持ちは陰府《よみ》に行くというわけではないのです。では、何故この金持ちは陰府《よみ》にいたのか？　次のことばにその理由が語られています。「金持ちは叫んで言った。『父アブラハムよ、私をあわれんでラザロをお送りください。ラザロが指先を水に浸して私の舌を冷やすようにしてください」（16：24）。金持ちはラザロを利用することしか考えていない。「大きな淵がある」（16：26）と言われていますが、イエス様はその淵は越えることができない、とおっしゃっている。自分のことしか考えていないから淵があるのです。自分の罪を認めないいから淵があるのです。もしこの金持ちが「神様。私は生きているあいだ、間違っていました。お赦しください」と言ったり、「ラザロよ、私を赦してくれ。私は間違っていた」と言っていたら、淵は消えてなくなったのです。

しかし、それでも金持ちは自分が悪かったとは言いません。

「金持ちは言った。『父よ。それではお願いですから、ラザロを私の家族に送ってください。私には兄弟が五人いますが、彼らまでこんな苦しい場所に来ることがないように、彼らに警告してください。』しかし、アブラハムは言った。『彼らにはモーセと預言者がいる。その言うことを聞くがよい。』金持ちは言った。『いいえ、父アブラハムよ。もし、死んだ者たちの中から、だれかが彼らのところに行けば、彼らは悔い改めるでしょう。』アブラハムは彼に言った。『モーセと預言者たちに耳を傾けないのなら、たとえ、だれかが死人の中から生き返っても、彼らは聞き入れはしない。』」

（16：27～31）

「モーセと預言者がいる」と訳されていますが、先ほども言いましたように「モーセ」は「モーセ五書」、すなわち「律法」を指し、「預言者」も「預言者の書」を中心とする一群の書でしたから、『彼らには「モーセ」と「預言者」がある』が正しい。「律法と預言者のことばに耳を傾けないなら、たとえだれかが死人の中から生き返っても、彼らは聞き入れはしない」と言われました。これは、どういうことでしょうか。「君たちは、律法と預言者を自分に都合の良いように解釈し、それを用いている。君たちは、自分が中心、自分が基準となっている。そのままでは、たとえ死者が甦って君たちのところに来ても、神からの招きを聞き取ることができない」ということです。

しかし、先ほども申したとおり、当時のパリサイ人たちは、この譬え話で語られている金持ちのような悪人ではありませんでした。むしろ、弱者救済に熱心だった。十分の一以上を施しのためささげ、食物規定もとてもしっかり守っていた。人格者と呼ばれる人たちもいたのです。では、イエス様は何を問題にしていたのか？

彼らは、きちんと十分の一の献げ物をするか、食物規定を守るかという基準で、イスラエルの人を三分類していました。両方とも全部守る人、両方とも守らない人、その中間の人という三分類です。罪人と言われる人たちは、両方守ることのできない最下層と位置づけられていた人たちであって、パリサイ人たちは、彼らを動物にも劣る存在とし、差別していたのです。

そもそも律法の教えは、人を生かすためのものなのであって人を分類差別するためのものではない。イエス様はこのことをものすごく問題にしてらっしゃるのです。こうおっしゃっています。

わざわいだ、偽善の律法学者、パリサイ人。おまえたちはミント、イノンド、クミンの十分の一を納めているが、律法の中ではるかに重要なもの、正義とあわれみと誠実をおろそかにしている。十分の一もおろそかにしてはいけないが、これこそしなければならないことだ。（マタイ23：23）。

ミント、イノンド、クミンのようなハーブは、その十分の一を納めなくても良いものでした。パリサイ人たちは律法の規定以上のものをささげていた、という意味です。しかし、イエス様は、「十分の一もおろそかにしてはいけないが、正義とあわれみと誠実こそ、律法の中ではるかに重要なもの」とおっしゃった。「君たちは、人を分類差別し、自分を満足させるために律法を利用している。確かに、食物規定を守り、十分の一以上をささげ、貧しいものたちを支援することに熱心である。しかし、それは自分自身のためなのではないのか?」「君たちが律法を曲解して骨抜きにし、妻を見捨て、取税人、罪人と言われる人々を差別し、人として扱わず、無視している。それは、この金持ちの生き方と同じなのではないのか?」イエス様はこのように問いかけていらっしゃるのです。

パリサイ人たちは、自分たちはこの金持ちのような生き方はしていないと思っているわけです。イエス様の言われていることの意味は分からなかったと思います。「君たちの生き方を表面的に見れば、この金持ちの生き方とは違うだろう。しかし心の中は、この金持ちと何も変わらないではないか」ということをおっしゃっているのです。

このことは、現在に生きる牧師、伝道者、神学者たちに対する警告でもあります。聖書の権威を持って教えるものたちは、人を裁き、人を分類差別するために聖書を利用することはないかということを考えなくてはなりません。今日本のキリスト教会の中でも、性的マイノリティーの人たちを受け入れるかどうかが大議論になっています。人を分類差別するために聖書を利用しているのではないかと思われる発言が聞こえることもあります。また、神の愛を説きながら、人を支配するために聖書を利用することはないか？　神学や教会の方針が人を孤独感と失望の中に追いやっていることはないか？　私はこの働きを与えられている者として、常に自己点検しながら歩んでいかなければならないと思います。

聖書の言葉は、人を生かすために与えられているものであって、人を支配するために与えられているものではありません。どんなに聖書を学び、神学を学んでも、どんな霊的体験を与えられても、また、どれだけ奉仕しても、また聖書に従って献げ物をしても、それが自分の誇りとなるなら、それは聖霊の働きを止めることになる。この失われた一人の人を自分自身のように愛さないなら、それら全ては虚しい。むしろ、それが君と神とを隔てる大きな淵になっていると、イエス様は私たち、牧師、神学者に語りかけていらっしゃると思います。

「わざわいなるかな」とイエス様はパリサイ人、律法学者たちにおっしゃいました。それは聖書の言葉を使って信徒を支配し差別しようとする牧師、神学者たちに向かって語られている言葉であります。

「わざわいなるかな！　牧師、神学者たち！　神に立ち帰れ！」という主イエスの声を聞き損ってはなりません。もし私が聖書の言葉を使って人を支配しようとしたり、差別しようとすることがあるならば、「わざわいなるかな！　岩本遠億！」と主は語ってくださると私は信じています。「岩本遠億よ。自分自身を離れて、神に立ち帰れ！　この一人の人を自分自身のように愛する者となれ！」と。

このために、私たちは本当に聖霊が注がれることが必要です。聖霊が注がれるとは、私たちが自分自身を離れて、この一人の人を自分自身のように愛する、その力に満たされることです。何か自分が尊い者になったような気がするために聖霊が注がれるのではありません。愛する力、自分自身を離れて一人の人を愛するいのち、それこそが聖霊であります。

私は今日の箇所を準備しながら、「もし私がそのようなことをすることがあれば、主様、この働きを私から取り去ってください」と祈らざるを得ませんでした。今も語りながらそのように祈っています。以前からこの教会では何度も言っていますが、私が礼拝説教の中で聖書の言葉を使って人を支配しようとしたり、差別するようなことを一度でも言ったら、説教が終わる前に、聞いた途端に荷物を持って出ていってください。そして、二度とここに戻って来ないでください。イエス・キリストを語るとはそういうことです。

祈りましょう。

主様。あなたが命を捨てて私たちを愛してくださった、あなたの中に満ちていた、その聖霊を私たちに注いでください。聖霊なしには、本当に自分を離れて隣人を愛することはできません。主様。どうぞ、聖霊を満たしてください。あなたが愛されたように愛することができるようにしてください。イエス様の御名によってお祈りします。アーメン。

（2023年6月4日）

あとがき

本書は、『神はあなたの真の願いに応える ―― ルカの福音書説教集1』に続くもので、2022年9月18日から2023年6月4日までキリストの平和教会で行ったルカの福音書第9章から16章までの説教の中から11編を書き起こし、編集したものです。

本書に収録の説教が行われたのは、ロシアがウクライナに侵攻して世界情勢が緊迫し、人と人との対立、敵対が先鋭化するという社会情勢の中でした。また、性的マイノリティーの方々に対する意見の対立がキリスト教会内でしばしば聞かれる状況の中で語られたものです。聖書は、罪の根本には「自分の正しさ」という思いがあると語りますが、私たちはどのようにしたら、この「自分の正しさ」から救われるのか？　私たちを「自分の正しさ」から救うのは誰なのか？　今回の説教集は、この問いに対する答えをルカの福音書から聞き取ろうとするものです。

本書が可能になったのは、同教会で毎週共に礼拝をささげ、共に聖書の言葉に耳を傾けてくださっている方々お一人おひとりの祈りと支えによるものです。お一人おひとりに感謝します。録音を書き起こし、下原稿を作ってくださった山下千恵さんに感謝します。それによって編集にかかる時間と労力が大幅に削減され、大変助かりました。

編集の労を執ってくださり、刊行へとお力添えくださった株式会社ヨベルの安田正人社長に、今回も説教原稿を読んで表紙絵を作成してくださった和紙ちぎり絵作家の森住ゆきさんに深く感謝します。荒れ野で飼われている羊たちと荒野の植物（これが詩篇23篇で謳われている「緑の牧場」）の写真は、写真家の平岡真一郎さんがご提供くださったものです。平岡さんに感謝します。

最後に、いつもそばにいてくれる妻あずささんに感謝します。

２０２４年５月30日

岩本遠億

岩本遠億（いわもと・えのく）

1959年名古屋生まれ。東京学芸大学、国際基督教大学大学院を経て、オーストラリア国立大学博士課程修了。言語学博士。神田外語大学大学院言語科学研究科教授。キリストの平和教会牧師。1988年〜1989年、1990年パプア・ニューギニア伝道。2001年イエス・キリスト教会（単立）の牧師に任職される。2003年11月ミッション・エイド・フェローシップ聖書教師。2006年8月「キリストの平和教会」を立ち上げる。

著書:『神はあなたの真の願いに答える - ルカの福音書1』(2023年)『聖霊の上昇気流　神は見捨てなかった』(2022年)『366日元気が出る聖書のことば　あなたはひとりではない』(2020年、2024[7]年、以上ヨベル)、『元気の出る聖書のことば　神さまの宝もの』(2009年)、『元気の出る聖書のことば　神さまは見捨てない』(2010年、以上いのちのことば社)、『Linguistics: In Search of the Human Mind』［編］(開拓社、1999年)、『事象アスペクト論』(開拓社、2008年)他。

e-mail：enoch.iwamoto@gmail.com

ヨベル新書096

聖霊は愛を完成する —— ルカの福音書説教集2

2024年7月20日 初版発行

著　者 —— 岩本遠億

発行者 —— 安田正人

発行所 —— 株式会社ヨベル　YOBEL, Inc.

〒113-0033 東京都文京区本郷4-1-1-5F

TEL03-3818-4851　FAX03-3818-4858

e-mail：info@yobel. co. jp

印刷 —— 中央精版印刷株式会社

装幀 —— ロゴスデザイン：長尾 優

配給元—日本キリスト教書販売株式会社（日キ販）

〒112 - 0014　東京都文京区関口01 -44-4 宗屋関口ビル　Tel 03-3260-5670

 ISBN978-4-911054-23-9 C0216

［書評再録：本のひろば2023年12月号］

イエスの愛といのちに生かされて

岩本遠億『神はあなたの真の願いに答える ――ルカの福音書説教集 1』

（新書判・二一六頁・一三二〇円・ヨベル）

評者：島先 克臣氏

本書は、神田外国語大学大学院の言語学教授である著者が、ご自分の牧する「キリストの平和教会」で語ったルカの福音書講解説教シリーズの第一弾である。

この書には三つの特徴があると思う。

まず、わかりやすい説教でありながら、当時の歴史背景を詳しく説明していることだ。たとえば、祭司ザカリヤが務めた聖所での役割が、一生に一度のチャンスでもあったことがよく伝わる解説がある。90年代以降の発掘調査に基づき、ヨセフとイエスがナザレ近くのギリシア都市ツィポリの建設に携わっていたであろうという新しい説は実に興味深いし、カペナウムのヘロデと百人隊長の説明も詳しい。また、天の御国を歴代誌上28：4―5の「主の王座」、また、歴代誌下13：8の「主の王国」と結びつけた点も新鮮だった。

次は、行間を読んで、登場人物を立体化することだ。洗礼者ヨハネが物心つく頃、父ザカリヤに「ねえ、お父さん。どうして僕はお父さんの名前……をもらわなかったの？」と尋ねる場面を想像し、ヨハネが祭司ではなく、メシアの道備えをする預言者としての意識を持って育ったのではないかと提案する。荒野におけるサタンの誘惑の一つは、「神様、私のことを愛しているんですよね」と神の愛を確かめさせることだという。そして「愛は確かめられたときに死ぬのです」と著者は語る。

第三は、実例が多く用いられていることだ。まず、著者自身の背景や体験が織り交ぜられている。著者の自叙伝『聖霊の上昇気流』（ヨベル、二〇二二年）に詳しいが、ニューギニアで命がけで宣教した時のことなど、さまざまな奇跡的な体験を語ることによって、メッセージを単なる「講話」ではなく、今、ここで生きておられるキリストの力強い言葉に変えている。また、「いさおなき我を」の作家シャーロット・エリオットの生涯と詩が紹介され、感動的に神の愛の大きさ深さを伝えている。

読み進む中で感じたことがある。それは、書の終わりに向かってイエスの愛といのちがクレッシェンドのように迫ってくることだ。罪も汚れも、それはいのちの欠如。イエスは私たちを愛し、いのちに満たそうとしているというメッセージだ。著者は、ギリシアの霊肉二元論に陥らないように読者に警告を与えながら、最後の章「キリストは、あなたが死んでもあなたを諦めない」では肉体の復活を説き、イエスのいのちは、私たちの心だけでなく、体にまで豊かに満ちる、それを今も受け止めることができるのだと言って書を閉じる。

聖書は古代のオリエントで編纂された古代の文献だ。古代人が古代人に向かって書いたものである。だから、その意味を探るために、さまざまな努力がなされてきた。ただ、当時の意味を知的に探究するだけでは「神のことば」を正しく扱っているとは言えないのだろう。古代の古びた文献から、イエス・キリストが立ち上がり、今、ここに生きる私たちに愛を語り、いのちをリアルに与える。キリストの口から出る聖霊の息吹を感じさせるのが本書と言えよう。

（しまさき・かつおみ＝聖書を読む会総主事）

ヨベルの既刊書（税込）　お求めは https://yobel.co.jp まで

青野太潮　**どう読むか、新約聖書——福音の中心を求めて**

「青野先生はキリスト教の『常識』にいつも挑戦されているのですね」と言われることがあります。しかし私が挑戦しているのはむしろ、新約聖書学の「常識」を日常のキリスト教信仰のなかに取り入れたい、ということです。（本文より）

4版　新書判・240頁・1210円　ISBN978-4-909871-31-2 C0216

青野太潮　**どう読むか、聖書の「難解な箇所」**

——「聖書の真実」を探究する

「大いに疑問を持つ」探求者に、聖書は真実の姿を明かし始める。訳語、解釈の如何によって天地が入れ替わるほど真逆の結論に導かれてしまう。互いに矛盾し合う場面に満ちてもいる。この難解な聖書とどう向き合えばよいのか。正典として信仰を培うとはいかなることか。正面から挑んだ！

3版　新書判・288頁・1320円　ISBN978-4-909871-79-4 C0216

山口里子　**マルコ福音書をジックリと読む**

——そして拓かれる未来の道へ　聖書を原語で読み、時代背景を学ぶ。古代エリート男性の父権制的な価値観が、福音書著者たちも浸み込みつつ抵抗もして編集。現代の私たちはそれをどう読むか——。この難問に、公開講座の仲間たちとともに学び、様々な人生経験と豊かな思いを分かち合う——。マルコ福音書読解の希有な情報共有！

A5判・328頁・2750円　ISBN978-4-909871-83-1 C0016